KB082831

기초부터 차근차근

찌아요 加油 중국어

기본편 1

교재를 쓰면서 문득 제가 처음 중국어를 공부하던 시절을 그리게 되었습니다. 그 당시만 해도 모두들 중국이 크게 성장하게 될 것이라는 생각만 하고 있을 때였습니다. 대부분 영어나 다른 외국어를 선택하는 분위기에서 중국어를 선택했던 저에게 주위에서는 '도전정신이 있구나!'라고 할 정도였으니까요. 하지만 이제는 영어만큼이나 중국어 몇 마디쯤은 할 줄 아는 시대가 도래했습니다.

어떤 외국어를 배우더라도 기초가 가장 중요합니다. 처음 시작을 어떻게 하느냐에 따라 어느 정도의 수준에 이르렀을 때 구사능력이 판이하게 다르니까요. 또한 말하기, 듣기, 읽기, 쓰기를 골고루 연습해야 합니다. 저는 항상 학생들에게 입버릇처럼 '多说 많이 말해라', '多听 많이 들어라', '多看 많이 읽어라', '多写 많이 써라'를 강조해 왔습니다. 그만큼 어학에서는 어느 하나라도 소홀히 할 수 없기 때문입니다.

본 교재는 저와 중국인 선생님이 그 동안의 강의 경험을 통해 한국 학생들이 범하기 쉬운 오류들에 초점을 맞추어 만들었습니다. 현지에서 금방 사용할 수 있는 표현들을 바탕으로 반드시 알아야 하는 중국어의 기본구조와 주요어휘들을 사용하였고, 또한 학습자들에게 자연스러운 복습이 이루어질 수 있도록 앞 과에서 나온 문형이나 어휘들을 되도록 지속적으로 사용하였습니다.

외국어를 잘 하려면 그 언어에 흠뻑 빠져야 합니다. 중국어도 예외는 아니죠. 그 만큼 지속적인 관심과 꾸준한 연습이 필요한 것이 바로 '어학'입니다. 마치 연애하는 것처럼요. 이 교재를 펼치면서 여러분도 중국어와 핑크 빛 연애를 해 보는 것은 어떨까요?

배경진

♥도움을 주신 분들

교재 처음부터 끝까지 동거동락 한 김인숙선생님, 교재를 쓸 수 있도록 교량이 되어 주셨던 이준복 선생님, 제가 중국어와 함께 인생을 보 낼 수 있도록 도와주신 여러 은사님들, 특히, 박영종교수님, 그리고 많은 의견을 주셨던 학생분들, 아이디어를 모아주셨던 제이플러스 이기선 실장님과 편집해 주신 여러분들께 감사드립니다. 마지막으로 회사생활로 바쁜 와중에도 퇴근 후, 단어정리와 자료를 찾아주었던 남편 최강록 씨, 매번 자료 준비에 힘써 준 큰언니 배성중 씨, 바쁘다는 핑계로 가정에 소홀할 때 많은 힘이 되어 주던 은경언니와 성봉오빠, 최고 사랑스러운 최우진, 행여라도 건강 잃지 않을까 항상 걱정하는 우리 어머니 백신자여사님과 나의 사랑하는 가족들, 하늘에서 보고 계실 아버지께 감사의 마음을 전하고 싶습니다.

众所周知，进入21世纪以来，中国由于突飞猛进的发展，越来越受到全世界的关注。特别是2008年的北京奥运会和2010年的上海世博会令世人对中国的崛起发出了惊叹。作为中国的近邻韩国，更是密切地关注着中国的发展。中国有句成语："知己知彼，百战不殆"，是说要想战胜对方，就要先了解对方与己方的长短处，以制定相应对策。越来越多深具远见的韩国人开始学习汉语，致使"汉语热"越演越烈。

根据语言学习的规律以及汉语特征，我们编写了本套汉语教材。本套书主要对象是一般上班族及大学生，既可以在学院通过老师的指导有系统地学习，也可以在ＣＤ和视频讲座的辅助下自学。本套书侧重于实用会话，遵循由简入繁，循序渐进的学习规律，尽量贴近中国人的说话习惯，渗透中国文化，并且具有趣味性。使学习者不感到枯燥，于轻松中习得地道的汉语。

希望初学汉语的朋友们，通过我们的书感觉到汉语的魅力和趣味。

"吃得苦中苦，方为人上人"衷心祝愿所有热爱汉语的韩国朋友们…学有所成!

金仁淑

♥번역

21세기로 들어오면서 중국이 급속도로 빠른 발전을 하며 점차 전세계의 관심을 받게 되었습니다. 특히, 2008년 베이징올림픽과 2010년 상하이 엑스포는 세상사람들을 깜짝 놀라게 하였습니다. 한국은 중국의 이웃나라로서 더더욱 중국의 발전에 주목하고 있습니다. 중국의 속담에 "지피지기면 백전백승이다"라는 속담이 있습니다. 즉, 상대방을 이기고 싶으면, 상대방과 자신의 장단점을 먼저 파악해 대응방안을 세운다는 것이죠. 선견지명이 있는 한국인들은 이미 중국어를 배우기 시작하였고, 이로 인해 중국어에 대한 열기가 더해가고 있습니다.

저희는 언어학습의 규칙 및 중국어의 특징에 따라 본 책을 만들었습니다. 본교재의 주요 대상은 일반 직장인과 대학생으로 학원 등에서 선생님의 지도하에 체계적으로 배우거나, CD 등의 음원으로 혼자서도 공부할 수 있도록 구성하였습니다. 실용회화에 중점을 두었으며, 쉬운 것부터 차근차근 가능한 중국인의 화법에 따라 중국문화적 색채를 띄게 하여, 흥미를 유발하도록 하였습니다. 이렇게 하여 학습자들이 가볍고 쉽게 정통 중국어를 배울 수 있도록 하였습니다.

끝으로, 중국어를 처음 배우는 학습자들이 저희 책을 통해 중국어의 매력과 흥미를 갖게 되기를 희망합니다.

"갖은 고생을 견뎌 내야만, 비로소 큰 사람이 된다."라는 중국 속담처럼, 중국어를 사랑하는 한국 친구들에게 중국어 학습에 성과가 있기를 진심으로 기원합니다.

미리보기

중국어의 발음을 가장 가까운 한국어 발음으로 설명하여 좀 더 쉽게 발음할 수 있도록 했으며, 발음마다 중국어 단어를 예로 들어 정확하게 발음해 볼 수 있도록 하였습니다.

주인공이 중국에서 유학하는 상황으로 중국인 친구를 비롯하여 여러 나라 친구들과의 에피소드를 대화에 담았습니다. 네 문장 대화를 통해 자연스럽게 중국어를 익힐 수 있습니다.

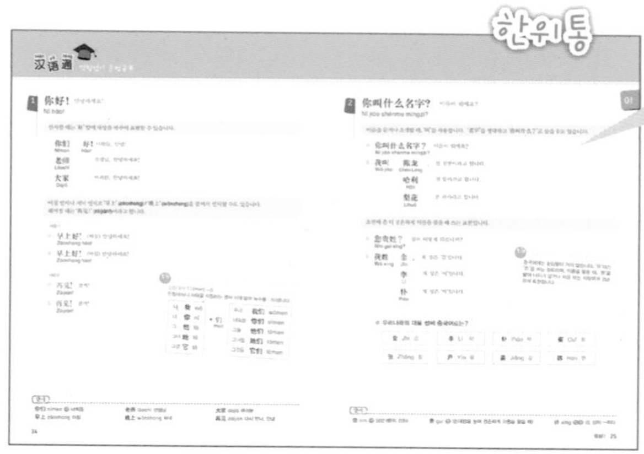

진정한 "한위통"으로 거듭나기 위해 꼭 필요한 어법을 설명하였으며, 치환 연습을 통해 표현을 익힐 수 있도록 하였습니다.

배운 표현을 충분히 이용하여 제시된 그림을 보면서 중국어로 말해보는 코너입니다. 삽화를 통해 상황을 이해하고 자기 표현으로 만들어 말하도록 구성하였습니다.

해당 과에서 중점으로 다루고자 하는 표현을 한번 더 연습할 수 있도록 하였습니다. 그림을 보며 조금 더 확장된 표현을 중국어로 말하도록 구성하였습니다.

듣고 푸는 문제

발음, 단어, 문장 듣고 내용 파악하기 등 다양한 구성으로 해당 과의 핵심내용을 복습할 수 있도록 하였습니다.

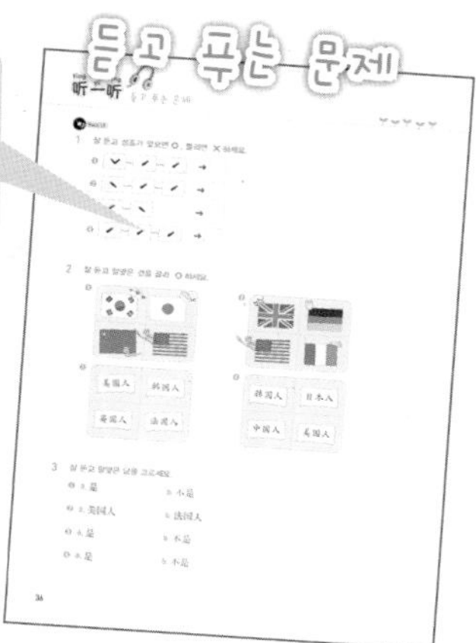

보고 쓰는 문제

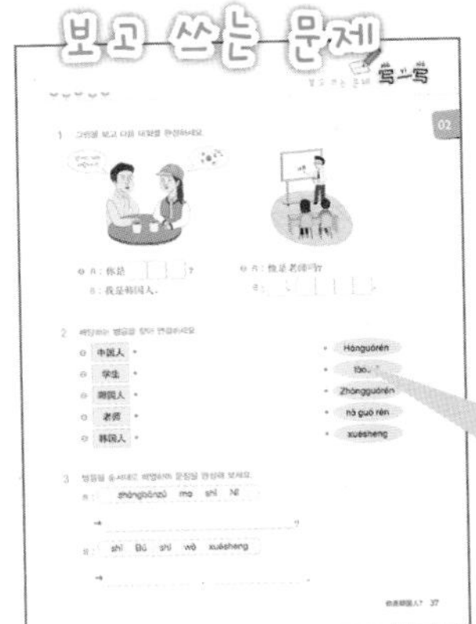

단어, 문장, 어법 표현 문제 등 중국어 쓰기 연습을 통해 중국어에 대한 자신감을 키울 수 있도록 하였습니다.

잰말놀이

재미있는 중국어 발음 코너입니다. 4과 마다 쉬어가기 코너로 활용해 주세요.

워크북

01 你好！

각 과에서 다루고 있는 핵심 내용을 중심으로 복습할 수 있도록 구성하였습니다. 연습문제에서 미처 다루지 못한 문제를 넣어 한번 더 확실하게 알고 갈 수 있도록 하였으며, 중요한 단어의 간체자 쓰기를 통해 단어를 암기할 수 있도록 하였습니다.

중국어란?

1. 중국사람들도 中国语라고 하나요?

중국어를 지칭하는 표현은 매우 다양하지만, 그 중 보편적으로 '한족(汉族)들이 쓰는 언어'라는 의미의 '한어(汉语)'라는 명칭을 가장 많이 사용합니다. 중국은 한족을 제외하고 55개의 소수민족을 가진 다민족 국가이지만, 한족이 94%를 차지하고 있어 그들이 쓰는 언어를 기본으로 하는 것이죠.

또한 이들의 표준어를 일컫는 말로 '널리(普) 통하는(通) 말'이라 하여 **'보통화(普通话)'** 라고도 합니다.

2. 한자를 잘 해야만 중국어를 잘 할 수 있나요?

그렇지만은 않습니다! 우리는 지금 중국어라는 말을 배우는 것이지 한자를 배우는 것이 아니거든요. 물론 중국어의 문자는 한자를 사용하고 있기 때문에 한자를 많이 아는 사람들은 뜻을 이해하는데 도움이 되긴 합니다만, 한자를 모르고 시작한다고 해서 잔뜩 겁을 먹고 공부할 필요는 없답니다.

3. 우리가 쓰는 한자와 중국사람들이 쓰는 한자는 같은가요?

현재 중국에서 국가가 규정한 문자로 사용하는 한자는 **'간체자(简体字)'**입니다. 우리가 쓰는 한자인 '번체자(繁体字)'보다 획수가 좀 빠진 간략화된 글자이죠. 한자이긴 하지만 우리가 쓰는 것과 모양새가 다릅니다. 하지만 모든 중화권에서 '간체자(简体字)'를 사용하는 것은 아닙니다. 중국대륙에서는 '간체자(简体字)'를 사용하지만, 대만이나 홍콩, 싱가포르에서는 '번체자(繁体字)'를 사용하고 있습니다.

4. '한어병음자모(汉语拼音字母)'는 무엇인가요?

중국어는 뜻글자(표의문자:表意文字)라서 눈으로 보고 의미를 파악하기에는 좋지만, '소리'를 나타낼 수 없다는 불편함이 있습니다. 그래서 중국에서는 1958년 한자 읽는 법을 나타내는

알파벳 로마자 표기법을 정식으로 공포하였습니다. 바로 **'한어병음자모(汉语拼音字母)'**라는 것이죠. 일찍이 '주음부호(注音符号)'라는 것이 있었지만, 지금은 타이완(台湾)에서만 사용하고 있고요, 현재 중국대륙뿐만 아니라, 세계 각국에서도 중국의 인명이나 지명 등을 표기할 때, '한어병음자모(汉语拼音字母)'를 사용하고 있습니다.

5. 중국어의 성조에 대해 알고 싶어요! Track 01

중국어는 음절마다 높낮이를 나타내는 '성조'가 있습니다. 네 개의 성조를 사용하고 있는데 이를 일컬어 **'사성(四声)'**이라고 합니다.

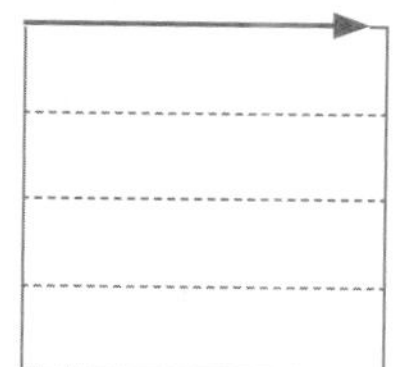
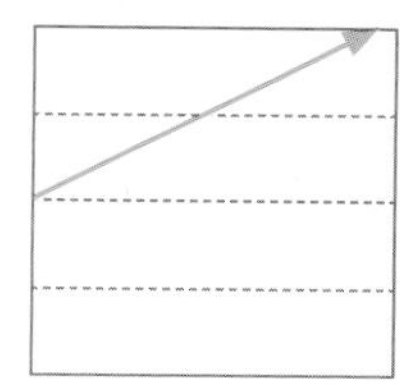
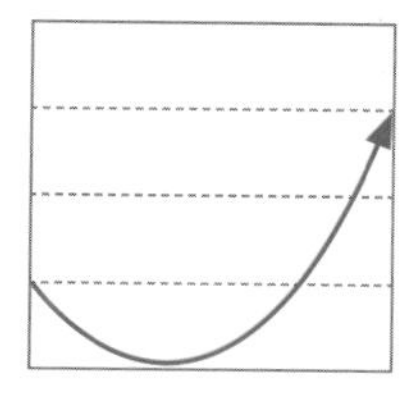
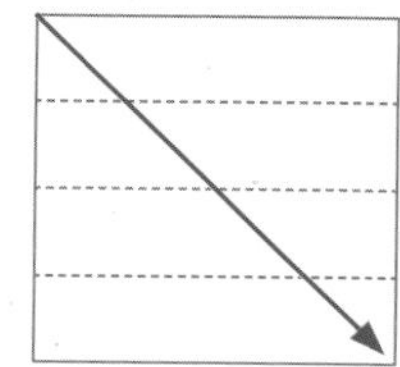

1성 음정 "솔"정도에 해당하는 음으로 발음을 유지합니다. mā

2성 음정 "미"에서 "솔"정도에 해당하는 음으로 점차 올려서 발음합니다. má

3성 음정 "레"에서 "도" 다시 "파"정도에 해당하는 음으로 이어서 발음합니다. mǎ

4성 음정 "솔"음 정도에서 "도"음으로 급격히 내려서 발음합니다. mà

• 경성(轻声)

일부 음절은 약하고 짧게 발음이 되는데 이를 경성(轻声)이라고 합니다. 성조표기는 따로 하지 않고, 앞 음절의 성조에 따라 경성의 높이가 결정됩니다.

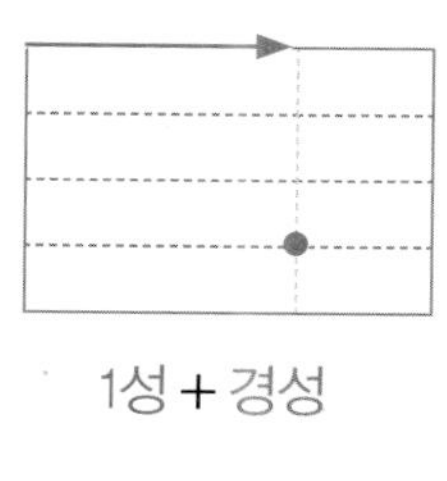

1성 + 경성

māma
엄마

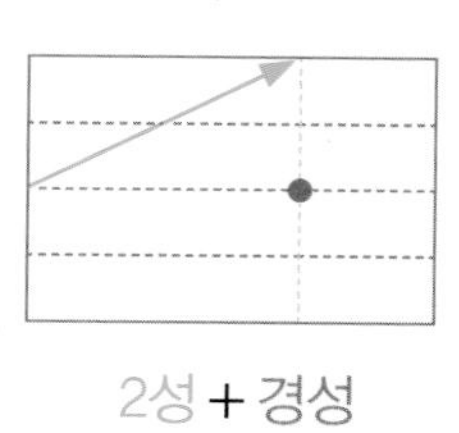

2성 + 경성

yéye
할아버지

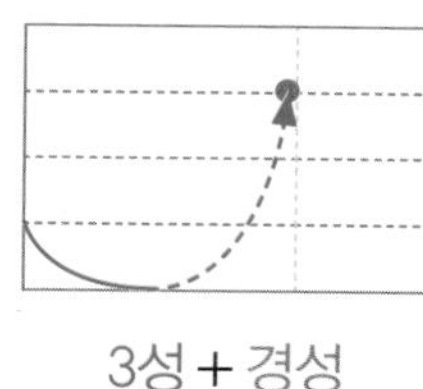

3성 + 경성

jiějie
누나

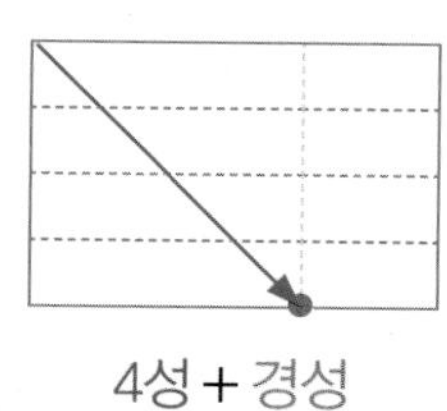

4성 + 경성

dìdi
남동생

• 성조의 변화

연속된 음절을 읽을 때 성조가 변하는 것을 **'변조(变调)'**라고 합니다.

① 3성의 변조

- 3성이 연이어 올 때, 앞 음절의 성조가 2성으로 발음됩니다.

- 3성이 1,2,4성 앞에 올 때, 3성의 성조는 반삼성으로 변하여 발음됩니다.

② '一'의 변조

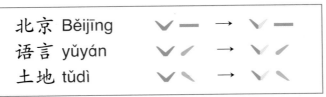

- 혼자 오거나, 서수에 쓰일 때, 단어의 끝에 올 때 원래의 성조대로 읽습니다.

- 4성 앞에서 2성으로 읽습니다.

一 + →
一样 yíyàng
一定 yídìng

- 1,2,3성 앞에서 4성으로 읽습니다.

一 + →
一边 yì biān
一年 yì nián
一两 yì liǎng

③ '不'의 변조

- '不'는 4성 앞에서 2성으로 읽습니다.

*동사와 동사 사이에서는 경성으로 읽습니다.

想一想 xiǎng yi xiǎng	来不来 lái bu lái

- 성조 붙이는 법

① 성조는 모음(운모) 위에 표기합니다.

hē (喝 마시다) kàn (看 보다) dà (大 크다)

② 모음[i]위에 성조를 표기할 때는 i위의"·"을 빼고 성조표기를 합니다.

chī (吃 먹다) tīng (听 듣다) xīngqīyī (星期一 월요일)

③ 모음이 두 개 이상일 때 순서

- a가 있으면 a위에 표기 : miànbāo (面包 빵), bào (报 신문), kuài (快 빠르다)
- a가 없으면 o나 e에 표기: Zhōngguó (中国 중국), Déguó (德国 독일)
- i, u 혹은 u, i 에서는 뒤의 모음에 표시: shuǐ (水 물), jiǔ (九 숫자 9)

a > o,e > i, u, ü

6. 중국어의 음절 구조에 대해 알고 싶어요!

음절은 '성모+운모+성조'로 구성되어 있습니다.

好 hǎo

성조(声调): 4개의 성조가 있습니다.

운모(韵母): 성모 부분을 제외한 나머지 부분을 말합니다.

성모(声母): 중국어 음절의 첫머리에 오는 자음으로, 모두 21개이며, 영성모(零声母)까지 더하면 22개입니다.

1. 운모 (韵母) 39개 구성 Track 02

a	a 아	ai 아이	ao 아오	an 안	ang 앙
o	o 오어	ou 어우	ong 오옹		
e	e 으어	ei 에이	en 언	eng 엉	er 얼
i	i (yi) 이	ia (ya) 야	ie (ye) 이예	iao (yao) 야아우	iu(iou) (you) 여우
	ian (yan) 옌	in (yin) 인	iang (yang) 이양	ing (ying) 잉	iong (yong) 유옹
u	u (wu) 우	ua (wa) 와	uo (wo) 워	uai (wai) 와이	ui(uei) (wei) 웨이
	uan (wan) 완	uen (wen) 우언	uang (wang) 왕	ueng (weng) 웡	
ü	ü (yu) 위	üe (yue) 위에	ün (yun) 윈	üan (yuan) 위앤	

→ 36개 + -i (zi, ci, si) + -i (zhi, chi, shi, ri) + e (诶, 이봐) = 총 39개

단운모 (单韵母) 하나의 모음로 구성된 운모

한어병음	발음방법	발음연습
a [아]	혀의 위치를 낮게하여 입을 크게 벌리고 [아]음을 길게 낸다.	妈妈 māma 엄마
o [오어]	입은 반쯤 벌리고 입 모양을 둥글게 하여 [오]입 모양에서 [어]발음을 낸다.	婆婆 pópo 시어머니
e [으어]	입은 반쯤 벌리고 혀의 위치는 중간 정도에서 [으어]를 하나의 소리로 낸다. ※[에]발음이 아님에 주의!	哥哥 gēge 오빠
i [이]	입술을 양 옆으로 벌리면서 [이]와 같이 발음한다.	弟弟 dìdi 남동생
u [우]	입술을 동그랗게 오므리면서 [우]와 같이 발음한다.	姑姑 gūgu 고모
ü [위]	입술을 오므리고 앞으로 빼서 [위]와 같이 발음한다. 오므린 입술 모양이 고정되어 있어야 한다.	女婿 nǚxù 사위

복운모 (复韵母) 둘 이상의 모음으로 구성된 운모, 하지만 그 자체가 하나의 운모임

한어병음	발음방법	발음연습
ai [아이]	[아]음을 길게 내어 [이]음으로 마무리한다.	爱 ài 사랑하다
ei [에이]	[에]음을 길게 내어 [이]음으로 마무리한다.	给 gěi 주다
ao [아오]	[아]음을 길게 내어 이어서 [오]음으로 마무리한다.	好 hǎo 좋다
ou [어우]	[어]음을 길게 내어 [우]로 마무리한다.	厚 hòu 두껍다
ia [이아]	[이]발음을 짧게 내고 [아]음을 분명하게 발음한다.	家 jiā 집
ie [이에]	[이]발음을 짧게 내어 [에]음을 분명하게 발음한다.	姐 jiě 누나
ua [우아]	[우]발음을 짧게 내어 [아]음을 분명하게 발음한다.	花 huā 꽃
uo [우어]	[우]발음을 짧게 내어 [어]음을 분명하게 발음한다.	国 guó 나라
üe [위에]	[위]발음을 짧게 내어 [에]음을 분명하게 발음한다.	月 yuè 월
iao [이아오]	[이]발음을 짧게 내고 중간 발음 [아]를 분명하게 발음하고 [오]음으로 마무리한다.	小 xiǎo 작다
iou(iu) [이어우]	[이]발음을 짧게 내고 중간 발음 [어]를 분명하게 발음하고 [우]음으로 마무리한다.	九 jiǔ 아홉
uai [우아이]	[우]발음을 짧게 내고 중간 발음 [아]를 분명하게 발음하고 [이]음으로 마무리한다.	帅 shuài 잘생기다
uei(ui) [우에이]	[우]발음을 짧게 내고 중간 발음 [에]를 분명하게 발음하고 [이]음으로 마무리한다.	对 duì 맞다

비음운모 (鼻音韵母) 모음에 비음 운미 [n, ng]가 함께 오는 것

한어병음	발음방법	발음연습
an [안]	[아]음에 콧소리 [n]을 섞어 [안]과 같이 발음한다.	看 kàn 보다
en [언]	[어]음에 콧소리 [n]을 섞어 [언]과 같이 발음한다.	门 mén 문
in [인]	[이]음에 콧소리 [n]을 섞어 [인]과 같이 발음한다.	心 xīn 마음
ün [윈]	[위]음에 콧소리 [n]을 섞어 [윈]과 같이 발음한다.	云 yún 구름
ian [이엔]	가볍고 짧은 높은음 [이]에서 낮고 분명한 [아]까지 가지 않고 [에]와 콧소리 [n]을 섞어 [이엔]과 같이 발음한다.	钱 qián 돈
uan [우안]	가볍고 짧은 [우]발음을 짧게 내고 [아]음에 콧소리 [n]을 섞어 [우안]과 같이 발음한다.	暖 nuǎn 따뜻하다
üan [위엔]	가볍고 짧은 높은음 [위]에서 낮고 분명한 [아]까지 가지 않고 [에]와 콧소리 [n]을 섞어 [위엔]과 같이 발음한다.	元 yuǎn 원
uen(un) [우언]	가볍고 짧은 [우]발음을 짧게 내고 [어]음에 콧소리 [n]을 섞어 [우언]과 같이 발음한다.	孙 sūn 손자
ang [앙]	입을 크게 벌려 [아]음에 콧소리 [ng]을 섞어 [앙]과 같이 발음한다.	上 shàng 위
eng [엉]	[어]음에 콧소리 [ng]을 섞어 [엉]과 같이 발음한다.	冷 lěng 춥다
ing [잉]	[이]음에 콧소리 [ng]를 섞어 [잉]과 같이 발음한다.	请 qǐng 청하다
ong [웅]	입을 조금 내밀고 [오+우]중간 음에 콧소리[ng]을 섞어 [웅]과 같이 발음한다.	中 zhōng 중심
iong(yong) [이용]	[위]음에 콧소리[ng]를 섞어 [이용]과 같이 발음한다. *i+o+ng가 아님에 주의!	用 yòng 쓰다
iang [이양]	가볍고 짧은 [이]음에 콧소리 [ang]를 섞어 [이양]과 같이 발음한다.	江 jiāng 강
uang [왕]	가볍고 짧은 [우]음에 콧소리 [ang]를 섞어 [왕]과 같이 발음한다.	光 guāng 빛
ueng [웡]	가볍고 짧은 [우]음에 콧소리 [eng]를 섞어 [웡]과 같이 발음한다.	嗡 wēng 윙윙

권설운모 (卷舌韵母) 성모와 결합하지 않고 단독으로 음절을 이루기도 하고, 다른 운모 뒤에서 얼화운모가 된다.

한어병음	발음방법	발음연습
er [얼]	[eː으어] 발음을 내다가 혀를 말아올리면서 [얼]과 같이 발음한다.	二 èr 이(2)

*iou,uei,uen: 앞에 성모가 오면 각각 iu,ui,un으로 줄여서 씁니다.

궁금증 해소하기

하나, ia = ya?

1 'i'로 시작하는 운모 앞에 아무런 성모가 오지 않을 때(영성모), 'i' 뒤에 다른 모음이 오는 경우에는 'i'를 'y'로 바꾸어 줍니다. (ia → ya, iao → yao)
만약, 'i' 뒤에 아무런 모음이 없을 때는 앞에 'y'를 붙여줍니다. (i → yi, in → yin)

2 'u'로 시작하는 운모 앞에 아무런 성모가 오지 않을 때(영성모), 'u' 뒤에 다른 모음이 오는 경우 'u'를 'w'로 바꾸어 줍니다.(ua → wa, uei → wei, uen → wen)
만약 'u'뒤에 아무런 모음이 없을 때는 'u' 앞에 'w'를 붙여줍니다.(u → wu)

3 'ü'로 시작하는 운모 앞에 아무런 성모가 오지 않을 때(영성모), 'ü' 뒤에 다른 모음이 있던 없던 일괄적으로 'ü' 앞에 'y'를 붙여줍니다. 이때, 'ü' 위의 두 점은 생략합니다.
(ü → yu, üe → yue ,ün → yun)

둘, 首尔 (Shou'er) 중간에 쉼표는 뭐죠?

병음을 쓸 때, 'a,o,e'로 시작하는 음절이 다른 음절의 뒤에 올 때, 각 음절의 경계를 분명히 하기 위해 격음부호를 사용해 구분해 줍니다. 예) 天安门 (Tiān'ānmén)

셋, ü위의 점이 사라졌어요。

'ü'가 성모 'n,l' 이외의 성모와 결합하는 경우에는 두 점을 생략하고 표기합니다. 이는 'n,l'은 운모 'u'와 결합하여 혼동될 수 있지만 다른 성모(j, q, x)는 'ü'와만 결합하기 때문에 가능합니다.
nǚ(女, 여자) nǔ(努, 힘쓰다) / lǜ(绿, 녹색) lù(路, 길)

2. 성모 (声母) 21개 구성 Track 03

b p m f

d t n l

g k h

j q x

zh ch sh r

z c s

쌍순음 (双唇音) 두 입술 사이에서 나는 소리

한어병음	발음방법	발음연습
b [bo / 뽀어]	양 입술을 다물었다가, 두 입술 사이로 공기를 내뿜으면서 [ㅃ, ㅍ, ㅁ]음이 나오도록 한다.	波 bō 파도
p [po / 포어]		泼 pō 뿌리다
m [mo / 모어]		摸 mō 만지다

순치음 (唇齿音) 윗니와 아랫입술 사이에 나는 소리

한어병음	발음방법	발음연습
f [fo / 포어]	윗니로 아랫입술 안쪽을 살짝 물고 있다가, 입안의 공기를 밀어내면서 뗀다. (영어의 f 발음 할 때와 비슷)	佛 fó 부처

설첨음 (舌尖音) 혀끝 소리

한어병음	발음방법	발음연습
d [de / 뜨어]	혀끝을 윗니 뒷부분 살점 부분에 가볍게 대었다가 떼면서 [ㄸ, ㅌ, ㄴ, ㄹ]음이 나오도록 한다.	的 de ~의
t [te / 트어]		特 tè 특히
n [ne / 느어]		呢 ne 어기사
l [le / 르어]		乐 lè 즐겁다

설근음 (舌根音) 혀 뿌리 쪽에서 나는 소리

한어병음	발음방법	발음연습
g [ge / 끄어]	혀뿌리를 입안 뒤쪽으로 이동시켜 목구멍 근처에서 [ㄲ, ㅋ, ㅎ]음이 나도록 한다.	个 gè 낱개
k [ke / 크어]		客 kè 손님
h [he / 흐어]		喝 hē 마시다

설면음 (舌面音) 혀의 전면에서 나는 소리

한어병음	발음방법	발음연습
j [ji / 지]	혓바닥 면을 위로 올려 입천장 부근에서 [ㅈ, ㅊ, ㅅ]음이 나도록 한다.	鸡 jī 닭
q [qi / 치]		七 qī 칠(7)
x [xi / 시]		夕 xī 저녁

권설음 (卷舌音) 혀를 말은 소리

한어병음	발음방법	발음연습
zh [zhi / 쯔]	혀끝을 말아 윗니 뒤쪽 경구개에 가볍게 붙였다가 그 사이로 공기를 내보내면서 내는 소리로 [ㅉ, ㅊ, ㅆ, ㄹ]음이 나도록 한다. (*혀를 말았다고 해서 zh, ch, sh음 뒤에 r소리가 붙으면 안 됨)	之 zhī ~의
ch [chi / 츠]		吃 chī 먹다
sh [shi / 스]		十 shí 십(10)
r [ri / 르]		日 rì 일

설치음 (舌齿音) 혀와 잇소리

한어병음	발음방법	발음연습
z [zi / 쯔]	혀끝을 윗니 뒤쪽에 가볍게 붙였다가 떼면서 [ㅉ, ㅊ, ㅆ]음이 나도록 한다.	字 zì 글자
c [ci / 츠]		次 cì 횟수
s [si / 쓰]		四 sì 사(4)

목차

金美娜
Jīn Měinà

성별 女　**국적** 한국인

특징 현재 베이징에서 어학연수 중.
미모와 지식을 겸비. 활발하고, 친구 사귀기를 좋아한다.

哈利(Haley)
Hālì

성별 男　**국적** 미국인

특징 활달하고 유머가 있다.

田中梨花
Tiánzhōng Líhuā

성별 女　**국적** 일본인

특징 어학원에서 같이 중국어를 배우는 친구.
미나와 기숙사에서 한 방을 쓰고 있다.

陈龙
Chén Lóng

성별 男　**국적** 중국인

특징 똑똑하고 잘생겨 인기가 많다.

※小龙 : 중국인들은 친근함의 표시로 '小', '大', '啊'등의 글자를 이름 앞에 붙여 부르곤 합니다. 小龙은 陈龙을 친근하게 부르는 호칭입니다.

본문 들여다보기

你好！
Nǐ hǎo!

你 nǐ 대 너, 당신
好 hǎo 형 좋다
叫 jiào 동 ~라 부르다
什么 shénme 대 무엇, 무슨
名字 míngzi 이름
我 wǒ 대 나

김미나는 어학연수 첫 수업에서 같은 반 친구와 인사를 나눈다.

你好！
Nǐ hǎo!

你好！
Nǐ hǎo!

你叫什么名字？
Nǐ jiào shénme míngzi?

我叫金美娜。
Wǒ jiào Jīn Měinà.

할리 : 안녕!

미나 : 안녕!

할리 : 넌 이름이 뭐니?

미나 : 나는 김미나라고 해.

1 你好！ 안녕하세요!
Nǐ hǎo!

인사할 때는 '好' 앞에 대상을 바꾸어 표현할 수 있습니다.

你们 好！ 너희들, 안녕!
Nǐmen hǎo!

老师 선생님, 안녕하세요!
Lǎoshī

大家 여러분, 안녕하세요!
Dàjiā

아침 인사나 저녁 인사로 '早上' (zǎoshang) / '晚上' (wǎnshang)을 붙여서 인사할 수도 있습니다.
헤어질 때는 '再见！' (zàijiàn!)이라고 합니다.

대화1

A : 早上好！ (아침) 안녕하세요!
Zǎoshang hǎo!

B : 早上好！ (아침) 안녕하세요!
Zǎoshang hǎo!

대화2

A : 再见！ 잘가!
Zàijiàn!

B : 再见！ 잘가!
Zàijiàn!

tip

인칭대사 们 (men) ~들
인칭대사나 사람을 지칭하는 명사 뒤에 붙어 복수를 나타냅니다.

단수				복수		
나	我	wǒ	+ 们 men	우리	我们	wǒmen
너	你	nǐ		너희들	你们	nǐmen
그	他	tā		그들	他们	tāmen
그녀	她	tā		그녀들	她们	tāmen
그것	它	tā		그것들	它们	tāmen

단어

你们 nǐmen 대 너희들
老师 lǎoshī 선생님
大家 dàjiā 여러분
早上 zǎoshang 아침
晚上 wǎnshang 저녁
再见 zàijiàn 다시 만나, 안녕

2 你叫什么名字? 이름이 뭐예요?

Nǐ jiào shénme míngzi?

이름을 묻거나 소개할 때, '叫'를 사용합니다. '名字'를 생략하고 '你叫什么?'로 물을 수도 있습니다.

A: 你叫什么名字? 이름이 뭐예요?
Nǐ jiào shénme míngzi?

B: 我叫 陈龙 。 전 천룽이라고 합니다.
Wǒ jiào Chén Lóng

哈利 전 할리라고 합니다.
Hālì

梨花 전 리카라고 합니다.
Líhuā

초면에 좀 더 겸손하게 이름을 물을 때 쓰는 표현입니다.

A: 您贵姓? 성이 어떻게 되십니까?
Nín guì xìng?

B: 我姓 金 。 제 성은 '김'입니다.
Wǒ xìng Jīn

李 제 성은 '이'입니다.
Lǐ

朴 제 성은 '박'입니다.
Piáo

tip

중국어에는 높임말이 거의 없습니다. '你'대신 '您'을 쓰는 정도이며, 이름을 물을 때, '贵'를 붙여 나이가 많거나 처음 보는 사람에게 겸손하게 표현합니다.

☆ 우리나라의 대표 성씨 중국어로는?

金 Jīn 김	李 Lǐ 이	朴 Piáo 박	崔 Cuī 최
张 Zhāng 장	尹 Yǐn 윤	姜 Jiāng 강	韩 Hán 한

단어

您 nín 대 당신 (你의 경칭)　贵 guì 형 (상대방을 높여 겸손하게 이름을 물을 때)　姓 xìng 명동 성, 성이 ~이다

♠ 그림을 보고 상황에 맞게 중국어로 말해 보세요. 

예시

선생님 : 여러분 안녕하세요!

학생 : 선생님 안녕하세요!

A : 大家好!
Dàjiā hǎo!

B : 老师好!
Lǎoshī hǎo!

①

남 : 좋은 아침!

여 : 좋은 아침!

②

친구 : 너희들 안녕~!

친구 : 안녕~!

A : 早上好!
Zǎoshang hǎo!

B : 早上好!
Zǎoshang hǎo!

A : 你们好!
Nǐmen hǎo!

B : 你好!
Nǐ hǎo!

♠ 그림을 보고 중국어로 이름을 묻고 답해 보세요. 

你叫什么名字?

Nǐ jiào shénme míngzi?

대화1

美娜：您贵姓? 성이 어떻게 되세요?

Měinà：Nín guì xìng?

老师：我姓王。 왕씨예요.

lǎoshī：Wǒ xìng Wáng.

대화2

梨花：你叫什么? 넌 이름이 뭐니?

Líhuā：Nǐ jiào shénme?

哈利：我叫哈利。 난 할리라고 해.

Hālì：Wǒ jiào Hālì.

대화3

哈利：你姓什么? 넌 성이 뭐니?

Hālì：Nǐ xìng shénme?

美娜：我姓金，叫美娜。 난 성이 김이고, 이름은 미나라고 해.

Měinà：Wǒ xìng Jīn, jiào Měinà.

听一听 듣고 푸는 문제

Track 08

1 발음을 잘 듣고 알맞은 운모를 찾아 O 하세요.

❶ o e u

❷ ai ei ui

❸ an en in

❹ u ou ao

2 잘 듣고 성조를 표기하세요.

❶ Nı hao!

❷ Laoshı hao!

❸ shenme

❹ mıngzi

3 잘 듣고 병음을 쓰세요.

❶ A : Nǐ jiào shénme ________?

B : ______ ______ Jīn Měinà.

❷ ______________________。

1 그림을 보고 보기에서 알맞은 표현을 골라 대화를 완성하세요.

보기 你叫什么名字?　老师好!　你好!

❶ A：你好!
B：＿＿＿＿＿＿

❷ A：＿＿＿＿＿＿＿＿＿＿
B：我叫金美娜。

❸ A：大家好!
B：＿＿＿＿＿＿

2 빈칸에 공통으로 들어가는 한자를 써 넣으세요.

A：你 ☐ 什么名字?

B：我 ☐ 金美娜。

3 다음 중국어에 해당하는 병음을 써보세요.

❶ 好 ＿＿＿＿＿＿　❷ 名字 ＿＿＿＿＿＿

❸ 叫 ＿＿＿＿＿＿　❹ 老师 ＿＿＿＿＿＿

❺ 什么 ＿＿＿＿＿＿　❻ 再见 ＿＿＿＿＿＿

你是哪国人?

Nǐ shì nǎ guó rén?

Track 09

是 shì 동 ~이다	哪国人 nǎ guó rén 어느 나라 사람	中国人 Zhōngguórén 중국인
学生 xuésheng 학생	吗 ma 어기 ~입니까?	不 bù 부 아니다

02

학교 식당에서 동석하게 된 중국인과 대화를 나눈다.

你是哪国人？
Nǐ shì nǎ guó rén?

我是中国人。
Wǒ shì Zhōngguórén.

你是学生吗？
Nǐ shì xuésheng ma?

不是，我是老师。
Bú shì, wǒ shì lǎoshī.

미나 : 당신은 어느 나라 사람인가요?

중국인 : 저는 중국 사람이에요.

미나 : 학생이세요?

중국인 : 아니요, 저는 교사예요.

1 你是哪国人? 당신은 어느 나라 사람입니까?
Nǐ shì nǎ guó rén?

'哪'는 '어느'의 의미로 의문문에 사용합니다. 앞과에서 배웠던 '무엇'이라는 의미의 의문대사 '什么' (shénme)가 영어로 what에 해당한다면, '哪'(nǎ)는 여러 개 중에 '어느'라는 뜻의 which에 해당한다고 보면 됩니다.

A: 你是哪国人? 당신은 어느 나라 사람입니까?
Nǐ shì nǎ guó rén?

B: 我是 韩国人。 저는 한국인입니다.
Wǒ shì Hánguórén

美国人 저는 미국인입니다.
Měiguórén

日本人 저는 일본인입니다.
Rìběnrén

2 是 ~입니다
shì

'是'는 주로 판단의 의미를 나타내며, 이때의 문장구조는 '명사+是+명사'의 형태가 됩니다.

我 是 职员。 저는 직원입니다.
Wǒ shì zhíyuán

他 老板 그는 주인입니다.
Tā lǎobǎn

她 上班族 그녀는 회사원입니다.
Tā shàngbānzú

대화

A: 他是老板吗? 그는 주인이신가요?
Tā shì lǎobǎn ma?

B: 是, 他是老板。 네, 그는 주인입니다.
Shì, tā shì lǎobǎn.

단어

韩国人 Hánguórén 한국인
日本人 Rìběnrén 일본인
职员 zhíyuán 직원
老板 lǎobǎn 상점 주인, 사장
上班族 shàngbānzú 직장인, 샐러리맨

02

3 不是 아닙니다 (부정문)
bú shì

부정할 때는 동사 앞에 '不'를 붙여주면 됩니다.

我 Wǒ	不是 bú shì	学生 xuésheng 。	저는 학생이 아닙니다.
他 Tā		老师 lǎoshī	그는 선생님이 아닙니다.
她 Tā		上班族 shàngbānzú	그녀는 회사원이 아닙니다.

tip

不 의 성조변화

4성 앞에서는 2성으로 성조가 변합니다. 1성, 2성, 3성 앞에서는 원래 성조인 4성으로 발음합니다.

bù shì (x) bú shì (O)

4 吗? ~입니까? (의문문)
ma

문장 마지막에 의문을 나타내는 어기사 '吗?' 를 붙이면 됩니다. 하지만, 의문대사가 앞에 오면 '吗' 를 붙이지 않습니다.

예시 你是哪国人? (O)
你是哪国人吗? (X)

你是 Nǐ shì	职员 zhíyuán	吗? ma	당신은 직원입니까?
	老板 lǎobǎn		당신은 주인입니까?
	上班族 shàngbānzú		당신은 회사원입니까?

대화

A : 你是上班族吗？ 당신은 직장인입니까?
Nǐ shì shàngbānzú ma?

B : 不是，我是学生。 아니요, 저는 학생입니다.
Bú shì, wǒ shì xuésheng.

biān kàn biān shuō 边看边说 보면서 말하면서

힌트
老板 lǎobǎn 주인
职员 zhíyuán 직원

♠ 그림을 보고 상황에 맞게 중국어로 말해 보세요. 

미나 : 저분은 선생님이시니?
친구 : 응, 선생님이셔.

②

선생님 : 당신은 학생인가요?
미나 : 네, 저는 학생입니다.

미나 : 주인이신가요?
직원 : 아니요, 저는 직원입니다.

④

미나 : 당신은 학생입니까?
남자 : 아니요, 저는 회사원이에요.

---

① A : 她是老师吗?
Tā shì lǎoshī ma?
B : 是，她是老师。
Shì, tā shì lǎoshī.

A : 你是学生吗?
Nǐ shì xuésheng ma?
B : 是，我是学生。
Shì, wǒ shì xuésheng.

③ A : 你是老板吗?
Nǐ shì lǎobǎn ma?
B : 不是，我是职员。
Bú shì, wǒ shì zhíyuán.

A : 你是学生吗?
Nǐ shì xuésheng ma?
B : 不是，我是上班族。
Bú shì, wǒ shì shàngbānzú.

♠ 그림을 보면서 국적을 묻고 답해보세요. 

你是哪国人?

Nǐ shì nǎ guó rén?

대화1

美娜：你是哪国人? 넌 어느 나라 사람이니?
Měinà ： Nǐ shì nǎ guó rén?

朋友：我是日本人。 난 일본 사람이야.
péngyou ： Wǒ shì Rìběnrén.

대화2

美娜：他是美国人吗? 쟤 미국인이니?
Měinà ： Tā shì Měiguórén ma?

朋友：不是，他是法国人。 아니, 프랑스인이야.
péngyou ： Bú shì, tā shì Fǎguórén.

힌트

美国人 Měiguórén 미국인
德国人 Déguórén 독일인
英国人 Yīngguórén 영국인
法国人 Fǎguórén 프랑스인
俄罗斯人 Éluósīrén 러시아인

tīng yì tīng 听一听 듣고 푸는 문제

1 잘 듣고 성조가 맞으면 O, 틀리면 X 하세요.

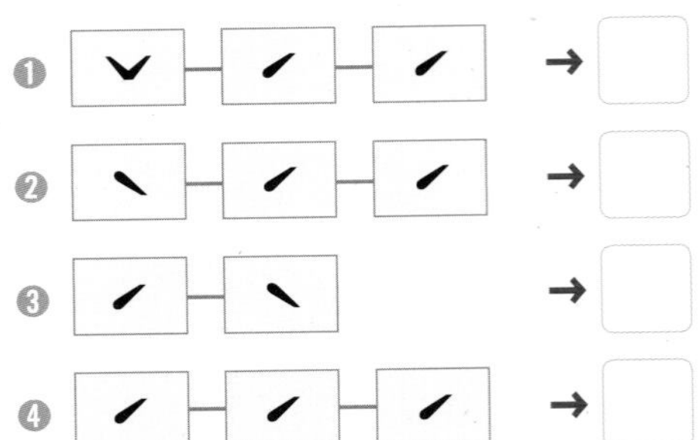

2 잘 듣고 알맞은 것을 골라 O 하세요.

❶

❷

❸

❹

3 잘 듣고 알맞은 답을 고르세요.

❶ a. 是 b. 不是

❷ a. 美国人 b. 法国人

❸ a. 是 b. 不是

❹ a. 是 b. 不是

1 그림을 보고 다음 대화를 완성하세요.

❶ A：你是  ?

B：我是韩国人。

❷ A：他是老师吗？

B：☐，☐☐☐☐。

2 해당하는 병음을 찾아 연결하세요.

❶ 中国人 •	• Hánguórén
❷ 学生 •	• lǎoshī
❸ 哪国人 •	• Zhōngguórén
❹ 老师 •	• nǎ guó rén
❺ 韩国人 •	• xuésheng

3 병음을 순서대로 배열하여 문장을 완성해 보세요.

A： shàngbānzú ma shì Nǐ

→ ______________________________?

B： shì Bú shì wǒ xuésheng

→ ______________，______________。

这是什么?

Zhè shì shénme?

这 zhè 대 이것

的 de 조 ~의, ~의 것

帽子 màozi 모자

谁 shéi 대 누구

미나가 뭔가를 가리키며 중국 친구 샤오롱에게 묻는다.

这是什么?
Zhè shì shénme?

这是帽子。
Zhè shì màozi.

这是谁的帽子?
Zhè shì shéi de màozi?

这是我的帽子。
Zhè shì wǒ de màozi.

미나 : 이건 뭐니?

샤오롱 : 이건 모자야.

미나 : 이거 누구 모자야?

샤오롱 : 이거 내 모자야.

1 这(个) 이, 이것
zhè(ge)
那(个) 저, 저것
nà(ge)

지시대사 '这'와 '那'는 무언가를 지칭할 때 쓰는 말입니다. 가까이에 있는 것을 지칭할 때는 '这(个)' (이, 이것), 멀리 있는 것을 지칭할 때는 '那(个)' (저, 저것)이라고 합니다.

A: 这是什么？ 이것은 무엇입니까?
Zhè shì shénme?

B: 这是 钱包。 이것은 지갑입니다.
Zhè shì qiánbāo

铅笔 이것은 연필입니다.
qiānbǐ

电脑 이것은 컴퓨터입니다.
diànnǎo

tip
'저것'은 '这个'(**zhège**)가 아니라 '那个'(**nàge**) 라고 해야 하는 것에 주의하세요!

A: 那是什么？ 저것은 무엇입니까?
Nà shì shénme?

B: 那是 圆珠笔。 저것은 볼펜입니다.
Nà shì yuánzhūbǐ

电视 저것은 TV입니다.s
diànshì

手机 저것은 핸드폰입니다.
shǒujī

단어

钱包 qiánbāo 지갑　　铅笔 qiānbǐ 연필　　电脑 diànnǎo 컴퓨터
圆珠笔 yuánzhūbǐ 볼펜　　电视 diànshì TV　　手机 shǒujī 핸드폰

03

2 这是谁的帽子? 이것은 누구의 모자입니까? (의문대사 谁)

Zhè shì shéi de màozi?

'누구'라고 사람에 대해 물을 때는 의문대사 '谁'를 씁니다. '谁'는 의문사이므로 끝에 '吗'를 쓰지 않아도 의문문을 만들 수 있습니다.

대화1

A : 他是谁? 그는 누구입니까?
Tā shì shéi?

B : 他是我爸爸。 우리 아빠입니다.
Tā shì wǒ bàba.

대화2

A : 这是谁的书? 이것은 누구의 책입니까?
Zhè shì shéi de shū?

B : 这是我的书。 이것은 저의 책입니다.
Zhè shì wǒ de shū.

tip

是不是~?

'是'와 '不是'를 함께 사용해서 정반의문문을 만들 수 있습니다. 정반의문문이란 이처럼 긍정과 부정을 함께 사용하여 의문문을 만드는 것을 말합니다. 이때 '吗'를 쓰지 않는 것에 주의하세요!

这是不是你的? 이거 네 것이니?
Zhè shì bu shì nǐ de?
是。/ 不是。 응. / 아니.
Shì. / Bú shì.

3 的 ①~의 ②~의 것(명사형)

de

'的'는 '~의'의 뜻으로 소유를 나타내지만, 서로가 어떤 사물에 대해 분명히 알 때는 명사를 생략하고 '的'만 붙여서 '~의 것'이란 뜻으로 표현할 수 있습니다.

我的书 wǒ de shū 내 책	→	我的 wǒ de 내 것
爸爸的电脑 bàba de diànnǎo 아빠 컴퓨터		爸爸的 bàba de 아빠 것
妈妈的钱包 māma de qiánbāo 엄마 지갑		妈妈的 māma de 엄마 것

대화

A : 这是谁的? 이건 누구 거지?
Zhè shì shéi de?

B : 这是爸爸的。 이건 아빠 거야.
Zhè shì bàba de.

단어

书 shū 책 爸爸 bàba 아빠 妈妈 māma 엄마

biān kàn biān shuō 边看边说 보면서 말하면서

♠ 그림을 보고 상황에 맞게 중국어로 말해 보세요.  Track 16

圆珠笔 yuánzhūbǐ 볼펜

샤오룽 : 이건 연필이니?

미나 : 아니, 이건 볼펜이야.

电视 diànshì TV

미나 : 이건 뭐죠?

점원 : TV입니다.

钱包 qiánbāo 지갑

할리 : 이건 네 지갑이니?

미나 : 아니, 이건 샤오룽의 지갑이야.

④

샤오룽 : 저건 네 모자니?

리카 : 저건 내 것이 아니야, 할리거야.

---

① A : 这是铅笔吗?
Zhè shì qiānbǐ ma?
B : 不是，这是圆珠笔。
Bú shì，zhè shì yuánzhūbǐ.

② A : 这是什么?
Zhè shì shénme?
B : 这是电视。
Zhè shì diànshì.

③ A : 这是你的钱包吗?
Zhè shì nǐ de qiánbāo ma?
B : 不是，这是小龙的钱包。
Bú shì, zhè shì Xiǎo Lóng de qiánbāo.

④ A : 那是不是你的帽子?
Nà shì bu shì nǐ de màozi?
B : 那不是我的，那是哈利的。
Nà bú shì wǒ de, nà shì Hālì de.

♠ 그림을 보고 누구의 물건인지 말해보세요. 

这是谁的?

Zhè shì shéi de?

老师

美娜

小龙

哈利

书 shū

铅笔 qiānbǐ

钱包 qiánbāo

手机 shǒujī

电脑 diànnǎo

대화1

A : 这是什么? 이것은 무엇입니까?
Zhè shì shénme?

B : 这是钱包。 이것은 지갑입니다.
Zhè shì qiánbāo.

대화2

A : 这是谁的钱包? 이것은 누구의 지갑입니까?
Zhè shì shéi de qiánbāo?

B : 这是美娜的钱包。 이것은 미나의 지갑입니다.
Zhè shì Měinà de qiánbāo.

대화3

A : 那是什么? 저것은 무엇입니까?
Nà shì shénme?

B : 那是手机。 저것은 핸드폰입니다.
Nà shì shǒujī.

대화4

A : 那是谁的手机? 저것은 누구의 핸드폰입니까?
Nà shì shéi de shǒujī?

B : 那是小龙的。 저것은 샤오룽의 것입니다.
Nà shì Xiǎo Lóng de.

1 잘 듣고 알맞은 것을 찾아 O 하세요.

❶ | má | ná | nà |

❷ | pó | bō | fǔ |

❸ | jǐ | qì | xí |

❹ | hé | kè | gè |

2 잘 듣고 알맞은 그림을 선택하세요.

❶ a.

b.

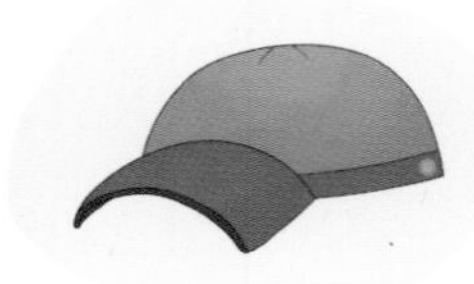

c.

❷ a.

b.

c.

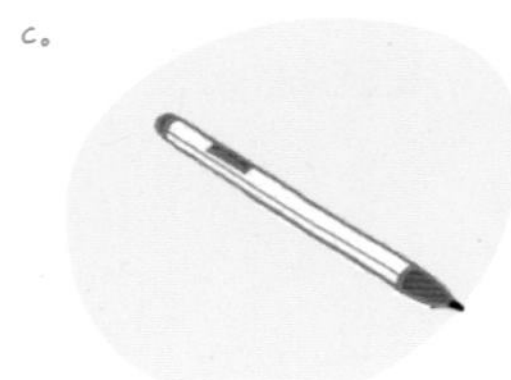

3 잘 듣고 보기를 참고하여 빈칸을 채우세요.

보기

Zhè	shéi
de	lǎoshī
shū	shénme

❶ Zhè shì __________?

❷ __________ shì ______________.

❸ Zhè shì __________?

❹ __________ shì ______________.

1 보기와 같이 문장을 만들어 보세요.

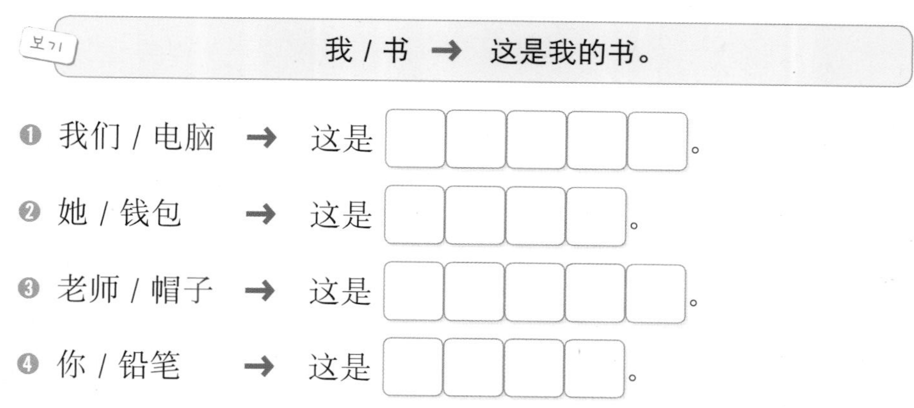

보기 我 / 书 → 这是我的书。

❶ 我们 / 电脑 → 这是 □□□□□。

❷ 她 / 钱包 → 这是 □□□□。

❸ 老师 / 帽子 → 这是 □□□□□。

❹ 你 / 铅笔 → 这是 □□□□。

2 대화 상황에 맞는 중국어를 보기에서 골라 빈칸에 써보세요.

보기 妈妈 手机 谁 电脑 电视

❶ A：这是 □ 的 □□？

B：这是我 □□ 的。

❷ A：这是 □□ 吗？

B：不是，这是 □□。

3 중국어로 읽고 알맞은 성조를 표시하세요.

❶ Zhe shı shenme?

❷ Zhe shı wo de qianbı.

❸ Na shı shei de?

❹ Na bu shı wo de.

你今年多大?

Nǐ jīnnián duō dà?

今年 jīnnián 올해, 금년

多大 duō dà 얼마의, 어느 정도의

二十三 èrshísān 수 23

了 le 조 문장 말미에 쓰여 변화 또는 새로운 상황의 출현을 나타냄

岁 suì 양 ~세 (나이를 세는단위)

呢 ne 어기 ~은요?

也 yě 부 ~도 또한, 역시

同岁 tóngsuì 동갑

신입생 환영회에서 리카와 할리가 서로의 나이를 묻는다.

你今年多大了?
Nǐ jīnnián duō dà le?

二十三岁。你呢?
Èrshísān suì. Nǐ ne?

我也二十三。
Wǒ yě èrshísān.

我们同岁。
Wǒmen tóngsuì.

할리 : 올해 나이가 몇 살이니?

리카 : 스물 세 살. 너는?

할리 : 나도 스물 셋이야.

리카 : 우리 동갑이구나.

Hàn yǔ tōng 汉语通 막힘없이 문법공부

1 你今年多大(了)? 올해 나이가 몇이세요?

Nǐ jīnnián duō dà (le)?

나이를 물을 때, 일반적으로 많이 쓰는 표현으로, 회화에서는 크게 의미를 두지 않고 문장 뒤에 '了'를 가볍게 붙이기도 합니다. '多'는 '많다'라는 의미가 있지만, 여기서는 '얼마나'라는 뜻으로 쓰였습니다.

대화

A : 你今年多大了? 올해 나이가 몇인가요?
Nǐ jīnnián duō dà le?

B : 我今年十七了。 올해 17살입니다.
Wǒ jīnnián shíqī le.

2 多大 얼마

duō dà

'多大'는 말하는 상대와 연령대가 비슷하거나 더 어린 상대에게 사용합니다. 어린아이(10세 미만)에게 물을 때, 연세가 있는 분에게 물을 때는 그 표현이 달라지므로 구분해 사용해야 한다는 것에 주의하세요!

대화1

A : 你几岁(了)? 몇 살?
Nǐ jǐ suì (le)?

B : 我七岁。 일곱 살요.
Wǒ qī suì.

대화2

A : 您多大年纪(了)? 연세가 어떻게 되세요?
Nín duō dà niánjì (le)?

B : 五十六。 56입니다.
Wǔshíliù.

tip

숫자읽기

一 yī 1	七 qī 7
二 èr 2	八 bā 8
三 sān 3	九 jiǔ 9
四 sì 4	十 shí 10
五 wǔ 5	零 líng 0
六 liù 6	

단어

几 jǐ 수 몇　　年纪 niánjì (사람의) 나이, 연세

04

3 你呢? 당신은요?
Nǐ ne?

'아빠 계시니? 엄마는?'처럼 무엇을 묻는지 확실할 때, 술어를 생략하고 '呢'만 붙여 의문문을 만들 수 있습니다.

他 Tā 呢? ne 그는요?

你的手机 Nǐ de shǒujī 당신의 핸드폰은요?

대화

A : 我姓金，你呢? 제 성은 김입니다. 당신은요?
Wǒ xìng Jīn, nǐ ne?

B : 我姓王。 제 성은 왕입니다.
Wǒ xìng Wáng.

4 也 ~도
yě

부사 '也'는 '~도, 역시'의 뜻으로 서술어 앞에 쓰입니다.

我也是 Wǒ yě shì 韩国人 Hánguórén 。 저도 한국인입니다.

学生 xuésheng 저도 학생입니다.

上班族 shàngbānzú 저도 회사원입니다.

대화

A : 你是哪国人? 당신은 어느 나라 사람입니까?
Nǐ shì nǎ guó rén?

B : 我是韩国人。 저는 한국인입니다.
Wǒ shì Hánguórén.

A : 他呢? 그는요?
Tā ne?

B : 他也是韩国人。 그도 역시 한국인입니다.
Tā yě shì Hánguórén.

♠ 그림을 보고 상황에 맞게 중국어로 말해 보세요.  Track 21

①

A : 너 몇 살이야?

B : 여덟 살.

②

A : 올해 나이가 어떻게 되세요?

B : 스무살이에요.

③

A : 올해 나이가 어떻게 되시죠?

B : 올해 마흔여섯됩니다.

④

A : 올해 연세가 어떻게 되세요?

B : 예순여덟일세.

---

① A : 你几岁?
Nǐ jǐ suì?
B : 我八岁。
Wǒ bā suì.

② A : 你今年多大?
Nǐ jīnnián duō dà?
B : 我今年二十。
Wǒ jīnnián èrshí.

③ A : 你今年多大年纪?
Nǐ jīnnián duō dà niánjì?
B : 我今年四十六。
Wǒ jīnnián sìshíliù.

④ A : 您今年多大年纪?
Nín jīnnián duō dà niánjì?
B : 我今年六十八。
Wǒ jīnnián liùshíbā.

♠ 다음을 보고 나이가 몇 살인지 손 모양으로 말해 보세요. 

你今年多大了?

Nǐ jīnnián duō dà le?

1 一 yī

2 二 èr

3 三 sān

4 四 sì

5 五 wǔ

6 六 liù

7 七 qī

8 八 bā

9 九 jiǔ

10 또는 十 shí

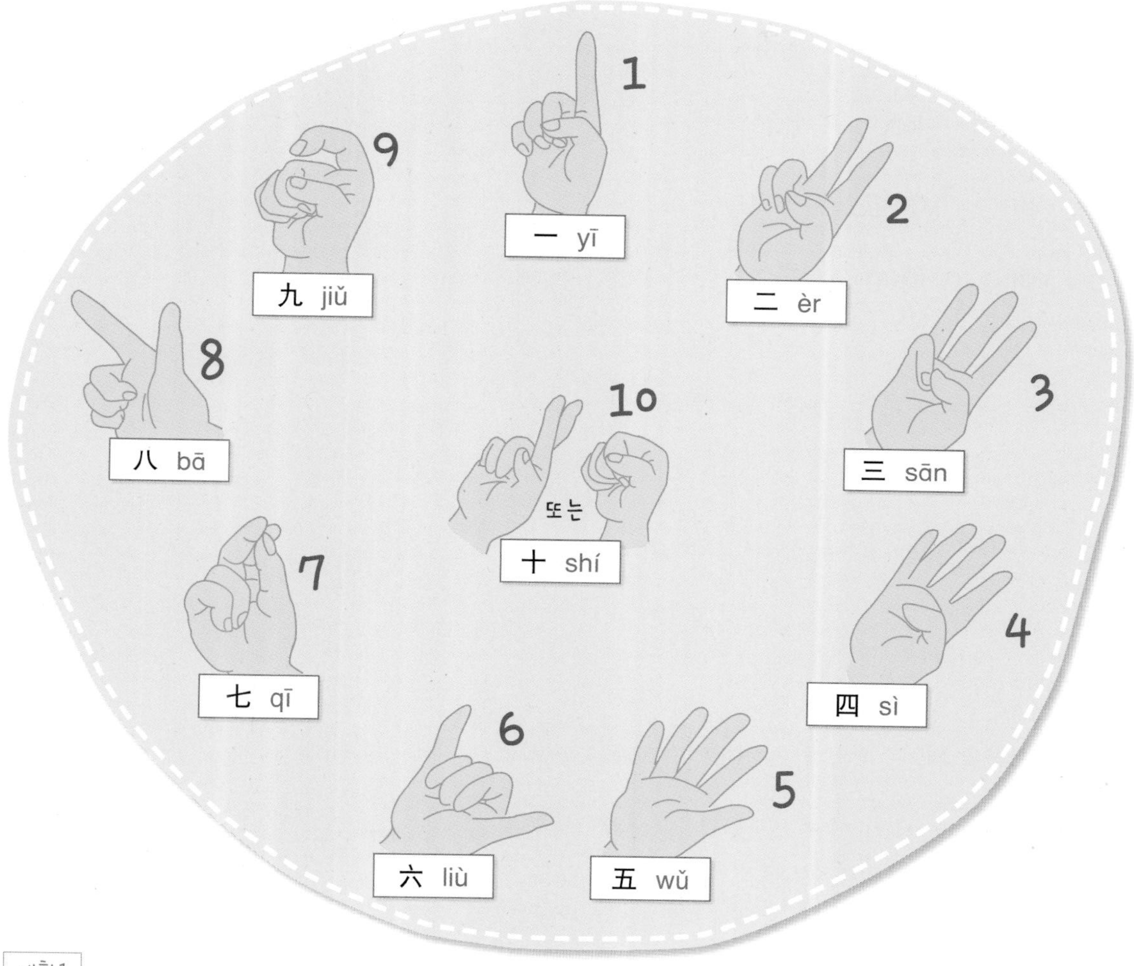

대화1

美娜： 你今年多大了? 몇 살이야?
Měinà： Nǐ jīnnián duō dà le?

哈利： 我今年二十三。 올해 23살이야. 
Hālì： Wǒ jīnnián èrshísān.

대화2

女的： 您今年多大年纪? 올해 나이가 어떻게 되세요?
nǚ de： Nín jīnnián duō dà niánjì?

男的： 今年四十七。 올해 47입니다.  
nán de： Jīnnián sìshíqī.

听一听 듣고 푸는 문제

Track 23

1 잘 듣고 알맞은 운모를 찾아 O 하세요.

❶ hěn gěi běi

❷ kāi kǎo hǎo

❸ jìn qǐng gēng

❹ yáng lóng hóng

2 잘 듣고 알맞은 것을 고르세요.

❶ a. 是 b. 不是

❷ a. 43 b. 34

❸ a. 10 b. 4

3 잘 듣고 다음 게임순서를 참고하여 빙고게임을 해보세요.

❶ 아래 빈칸에 1~10까지 숫자를 마음대로 채우세요.
❷ 녹음을 듣고 들리는 숫자에 표시 하세요.
❸ 가로, 세로, 대각선으로 세 개가 나란히 표시되면 "빙고!"를 외칩니다.

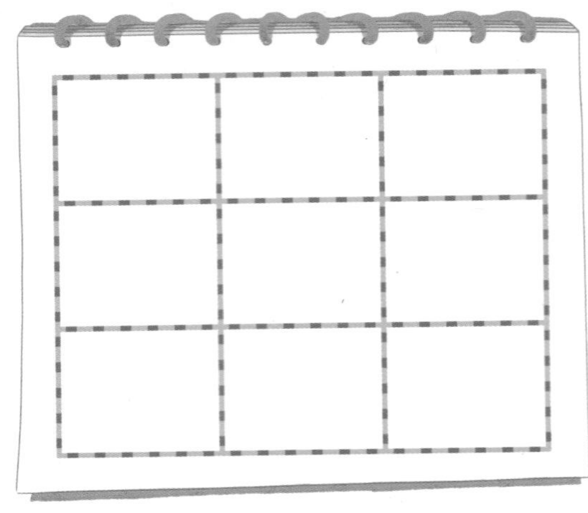

1 아래 숫자를 보고 병음과 함께 중국어로 써보세요.

8	八 bā	9		14	
21		39		6	
35		40		24	

2 보기를 활용하여 다음 대화를 채우세요.

A：今年 ☐☐☐ ? 올해 나이가 어떻게 되세요?

B：我三十二岁。☐☐ ? 서른 두 살이요. 당신은요?

A：我 ☐ 三十二岁。저도 서른 두 살이에요.

B：我们 ☐☐ ! 우리 동갑이네요!

보기
同岁
多大了
你呢
也

3 자연스러운 대화가 될 수 있도록 알맞은 것끼리 연결하세요.

❶ 你今年多大了? • • 我们同岁。

❷ 你几岁? • • 今年二十六。

❸ 我今年二十三。 • • 九岁。

四和十 4와 10

sì hé shí

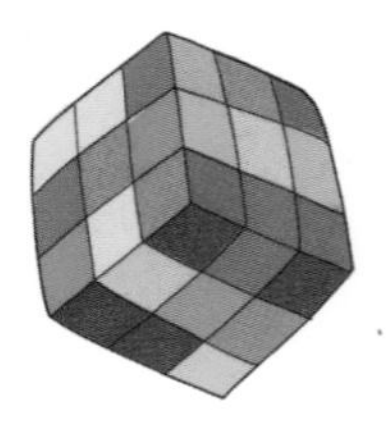

四是四，	Sì shì sì,
十是十。	shí shì shí.
十四是十四，	Shísì shì shísì,
四十是四十。	sìshí shì sìshí.

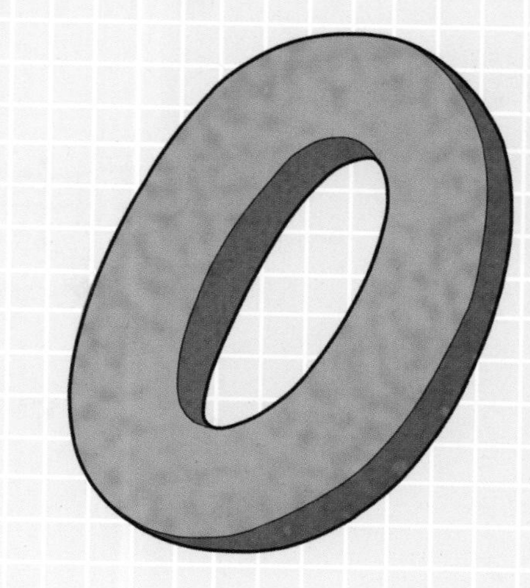

4는 4이고,

10은 10이지.

14는 14이고,

40은 40이라네.

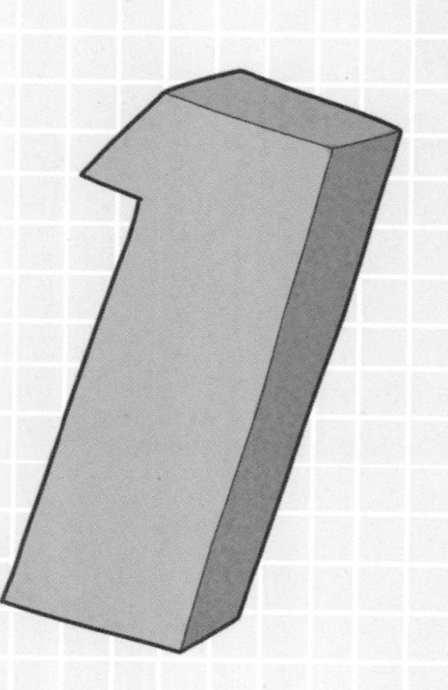

你有中国朋友吗?
Nǐ yǒu Zhōngguó péngyou ma?

有 yǒu 동 ~이 있다　　朋友 péngyou 친구　　个 ge 양 개 / 명
两 liǎng 수 둘

학교 캠퍼스에서 할리와 미나가 대화를 나눈다.

你有中国朋友吗?
Nǐ yǒu Zhōngguó péngyou ma?

Měinà

我有中国朋友。
Wǒ yǒu Zhōngguó péngyou.

你有几个中国朋友?
Nǐ yǒu jǐ ge Zhōngguó péngyou?

我有两个中国朋友。
Wǒ yǒu liǎng ge Zhōngguó péngyou.

할리 : 너 중국 친구 있니?

미나 : 중국 친구 있어.

할리 : 중국 친구 몇 명 있어?

미나 : 중국 친구 두 명 있어.

1 我有中国朋友。 난 중국 친구가 있어요.

Wǒ yǒu Zhōngguó péngyou.

'有'는 '~이 있다/ ~을 가지고 있다'의 뜻으로 소유나 존재를 나타냅니다. 주로 사람이나 사물을 목적어로 취합니다. '有'의 부정 표현은 '不有'가 아니라 '没有'라고 한다는 점에 주의하세요!

我有 Wǒ yǒu	哥哥 gēge	。	나는 형이 있습니다.
	姐姐 jiějie		나는 누나가 있습니다.
	弟弟 dìdi		나는 남동생이 있습니다.
	妹妹 mèimei		나는 여동생이 있습니다.

부정 我没有 ______。 나는 ______가 없습니다.

2 你有中国朋友吗? 당신은 중국 친구가 있나요? (의문문)

Nǐ yǒu Zhōngguó péngyou ma?

가볍게 문장 끝에 '吗'만 붙여도 되고, 정반의문문의 형태인 '有没有'(~이 있니 없니?)로 의문문을 만들 수도 있습니다.

你有 Nǐ yǒu	男朋友 nánpéngyou	吗? ma	당신은 남자 친구가 있습니까? = 你有没有 ______ ? Nǐ yǒu méiyǒu
	女朋友 nǚpéngyou		당신은 여자 친구가 있습니까?
	电子词典 diànzǐ cídiǎn		당신은 전자사전이 있습니까?
	手机 shǒujī		당신은 핸드폰이 있습니까?

단어

哥哥 gēge 형
姐姐 jiějie 누나
弟弟 dìdi 남동생
妹妹 mèimei 여동생
男朋友 nánpéngyou 남자친구
女朋友 nǚpéngyou 여자친구
电子词典 diànzǐ cídiǎn 전자사전

05

3 你有几个中国朋友？ 당신은 중국 친구가 몇 명 있나요? (의문수사 几)

Nǐ yǒu jǐ ge Zhōngguó péngyou?

보통 10이하의 작은 수를 물을 때, '몇'에 해당하는 '几'로 묻습니다. 의문수사이므로 '吗'는 붙이지 않습니다.

대화

A : 你有几个孩子？ 자녀가 몇이나 되세요?
Nǐ yǒu jǐ ge háizi?

B : 我有一个孩子。 아이 하나 있어요.
Wǒ yǒu yí ge háizi.

4 我有两个中国朋友。 나는 두 명의 중국 친구가 있어요.

Wǒ yǒu liǎng ge Zhōngguó péngyou.

'个'는 사물과 사람에 쓸 수 있는 양사(量词)입니다. 한국어도 옷 한 '벌', 물 한 '잔', 신발 세 '켤레'라고 하는 것처럼 중국어도 수사 뒤에 그 명사에 합당한 단위가 나오는데, 이것을 양사(量词)라고 합니다.

一个 yí ge 人 rén 한 사람

帽子 màozi 한 개의 모자

一个 yí ge	两个 liǎng ge	三个 sān ge	四个 sì ge	五个 wǔ ge	六个 liù ge	七个 qī ge	八个 bā ge	九个 jiǔ ge	十个 shí ge	十二个 shí'èr ge

숫자 2가 양사 앞에 올 때는 '两'(liǎng)이라 쓰고 읽습니다. 단, 10 이상의 수는 '二'(èr)을 사용합니다. (两个,十二个)

대화

A : 你有兄弟姐妹吗？ 형제자매가 있나요?
Nǐ yǒu xiōngdì jiěmèi ma?

B : 我有一个哥哥，两个姐姐。 오빠 하나에, 언니가 둘 있어요.
Wǒ yǒu yí ge gēge, liǎng ge jiějie.

단어

孩子 háizi 아이, 자녀　　兄弟 xiōngdì 형제　　姐妹 jiěmèi 자매

힌트

妹妹 mèimei 여동생

♠ 그림을 보고 상황에 맞게 중국어로 말해 보세요. 

1

남 : 너 핸드폰 있니?

여 : 나 핸드폰 있어.

2

남 : 너 볼펜 있니?

여 : 나 볼펜 없어.

3

남 : 너 중국 친구 있니?

여 : 중국 친구 두 명 있어.

4

여 : 너 여동생 있니?

남 : 나 여동생 한 명 있어.

1
A : 你有手机吗?
Nǐ yǒu shǒujī ma?
B : 我有手机。
Wǒ yǒu shǒujī.

2
A : 你有没有圆珠笔?
Nǐ yǒu méiyǒu yuánzhūbǐ?
B : 我没有。
Wǒ méiyǒu.

3
A : 你有中国朋友吗?
Nǐ yǒu Zhōngguó péngyou ma?
B : 我有两个中国朋友。
Wǒ yǒu liǎng ge Zhōngguó péngyou.

4
A : 你有妹妹吗?
Nǐ yǒu mèimei ma?
B : 我有一个妹妹。
Wǒ yǒu yí ge mèimei.

♠ 다음의 그림을 보고 哈利의 가족 구성원을 중국어로 말해 보세요. Track 28

哈利有哥哥吗?

Hālì yǒu gēge ma?

05

힌트

爷爷 yéye 할아버지
奶奶 nǎinai 할머니
爸爸 bàba 아빠
妈妈 māma 엄마
哥哥 gēge 형, 오빠
姐姐 jiějie 누나, 언니
弟弟 dìdi 남동생
妹妹 mèimei 여동생

대화1

A : 哈利有哥哥吗? 할리는 형이 있습니까?
Hālì yǒu gēge ma?

B : 哈利有哥哥。 할리는 형이 있습니다.
Hālì yǒu gēge.

대화2

A : 哈利有姐姐吗? 할리는 누나가 있습니까?
Hālì yǒu jiějie ma?

B : 哈利没有姐姐，有两个妹妹。 할리는 누나가 없고, 여동생이 둘 있습니다.
Hālì méiyǒu jiějie, yǒu liǎng ge mèimei.

듣고 푸는 문제

Track 29

1 잘 듣고 음절을 완성하세요.

❶ ____ī ____ì ____ǐ

❷ ____ǎo ____ào ____áo

❸ ____ài ____ěi ____uí

❹ l____ l____ l____

2 잘 듣고 그림의 내용과 일치하는 것에는 O, 그렇지 않으면 X 하세요.

❶ ☐, ☐, ☐

❷ ☐, ☐, ☐

3 잘 듣고, 알맞은 그림을 고르세요.

❶ a.  b.  c. 

❷ a.  b.  c. 

❸ a.  b.   c. 

1 그림을 보고 알맞은 병음을 보기에서 찾아 쓰세요.

보기 cí péng liǎng diǎn ge nán shǒu you jī diànzǐ

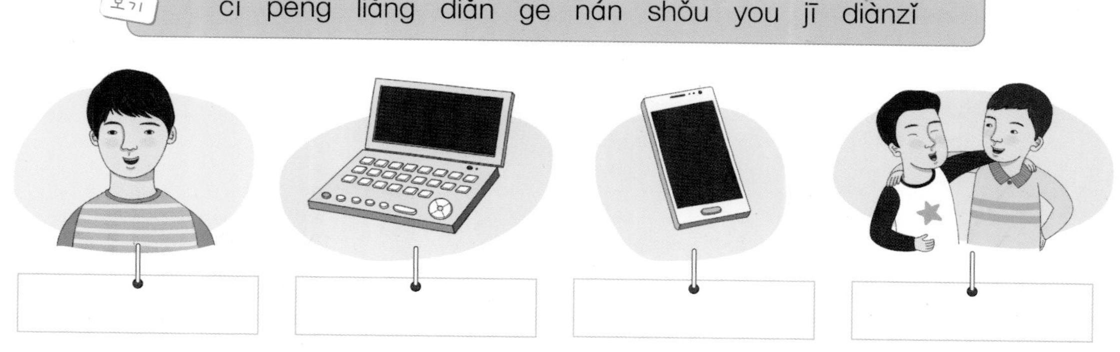

2 보기를 적절히 활용하여 부정문으로 바꾸어 보세요.

보기
是 ⇔ 不是
有 ⇔ 没有

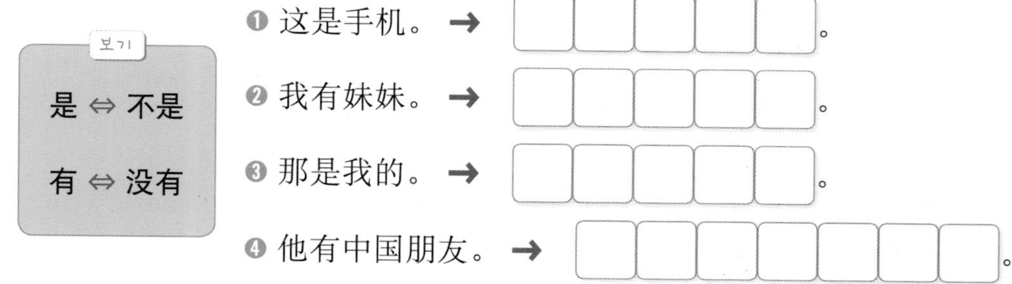

❶ 这是手机。 → □□□□□。

❷ 我有妹妹。 → □□□□□。

❸ 那是我的。 → □□□□□。

❹ 他有中国朋友。 → □□□□□□□。

3 그림을 보고 빈칸에 알맞은 중국어를 써보세요.

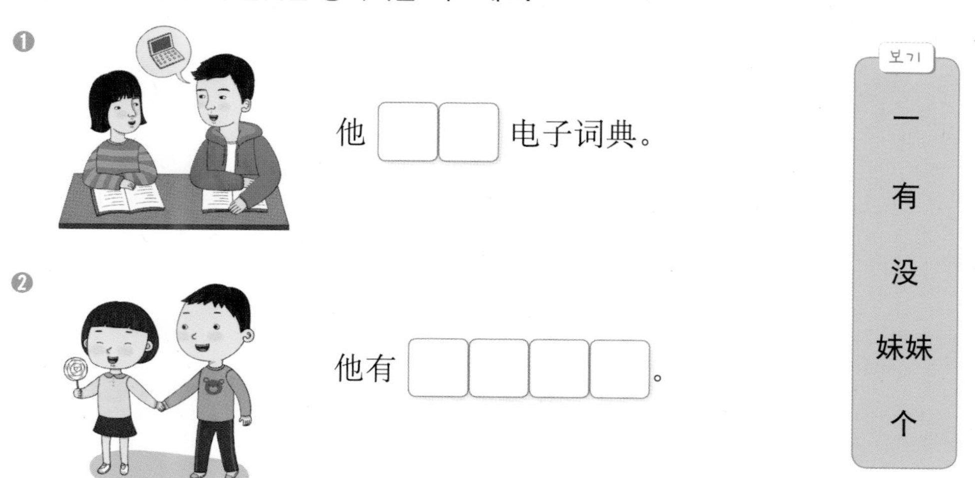

❶ 他 □□ 电子词典。

❷ 他有 □□□□。

보기
一
有
没
妹妹
个

你喝什么?

Nǐ hē shénme?

Track 30

喝 hē 동 마시다
咖啡 kāfēi 커피
吃 chī 동 먹다
蛋糕 dàngāo 케이크
谢谢 xièxie 고맙다, 감사하다

06

(샤오롱의 집) 중국 친구 샤오롱은 미나를 집에 초대한다.

你喝什么?
Nǐ hē shénme?

我喝咖啡。
Wǒ hē kāfēi.

你吃不吃蛋糕?
Nǐ chī bu chī dàngāo?

我不吃，谢谢!
Wǒ bù chī, xièxie.

샤오롱 : 너 뭐 마실래?

미나 : 나 커피 마실래.

샤오롱 : 너 케이크 먹을래?

미나 : 안 먹을래, 고마워!

1 我喝咖啡。 나는 커피를 마셔요. (기본형/긍정)

Wǒ hē kāfēi.

*중국어의 기본 문장구조: 나는 / 하다 / 무엇을

나는 / 먹는다 / 밥을	그녀는 / 삽니다 / 물건을
我 吃 米饭。	她 买 东西。
Wǒ chī mǐfàn.	Tā mǎi dōngxi.

*부정형: 나는 / 안 한다 / 무엇을

나는 / 안 먹는다 / 밥을	그녀는 / 안 삽니다 / 물건을
我 不吃 米饭。	她 不买 东西。
Wǒ bù chī mǐfàn.	Tā bù mǎi dōngxi.
나는 / 안 본다 / TV를	엄마는 / 안 듣는다 / 음악을
我 不看 电视。	妈妈 不听 音乐。
Wǒ bú kàn diànshì.	Māma bù tīng yīnyuè.

2 你喝什么? 뭐 마실래요? / 무얼 마십니까?

Nǐ hē shénme?

의문문이라고 꼭 '吗'를 붙여야 하는 것은 아닙니다. '什么', '哪', '几'같은 의문대사를 사용하여 '吗' 없이 의문문을 만들 수 있습니다.

你 吃 什么? (Nǐ chī shénme) 뭐 드실래요?/ 당신은 무엇을 먹습니까?

听 (tīng) 뭐 들으실래요?/ 당신은 무엇을 듣습니까?

买 (mǎi) 뭐 사실래요?/ 당신은 무엇을 삽니까?

단어

米饭 mǐfàn 밥
看 kàn 동 보다
买 mǎi 동 사다
听 tīng 동 듣다
东西 dōngxi 물건
音乐 yīnyuè 음악

你吃不吃蛋糕? 케이크 드실래요? (정반의문문)

Nǐ chī bu chī dàngāo?

정반의문문의 형태로 '먹니? 안 먹니?'인데, 그냥 '먹습니까?'로 해석하면 됩니다. 이때는 부정문이 아닌 의문문이기 때문에 '不' (bu) 는 가볍게 경성으로 발음하세요.

你 Nǐ	喝 hē	不 bu	喝 hē	?	마실래요?
	看 kàn		看 kàn		볼래요?
	听 tīng		听 tīng		들으실래요?
	买 mǎi		买 mǎi		사실래요?

대화

A : 听不听音乐? 음악 들을래?
Tīng bu tīng yīnyuè?

B : 不听音乐。 음악 안 들을래.
Bù tīng yīnyuè.

谢谢 감사합니다

xièxie

감사의 표현으로 사용합니다. '谢谢(xièxie)' 와 호응하는 말은 '不客气(bú kèqi)', '不用谢(búyòng xiè)' 등이 있습니다.

대화

A : 谢谢! 감사합니다!
Xièxie!

B : 不客气。 별말씀을요.
Bú kèqi.

biān kàn biān shuō 边看边说 보면서 말하면서

힌트
米饭 mǐfàn 쌀밥
看 kàn 보다

♠ 그림을 보고 상황에 맞게 중국어로 말해 보세요.  Track 32

①

미나 : 너 밥 먹을래?
할리 : 먹을래.

샤오롱 : 너 커피 마실래?
미나 : 안 마실래, 고마워!

③

리카 : 뭐 마실래?
샤오롱 : 난 안 마실래, 난 케이크 먹을래.

④

미나 : 너 뭐 보니?
샤오롱 : TV 봐.

---

① A : 你吃不吃米饭?
Nǐ chī bu chī mǐfàn?
B : 我吃米饭。
Wǒ chī mǐfàn.

② A : 你喝不喝咖啡?
Nǐ hē bu hē kāfēi?
B : 我不喝，谢谢!
Wǒ bù hē, xièxie.

③ A : 你喝什么?
Nǐ hē shénme?
B : 我不喝，我吃蛋糕。
Wǒ bù hē, wǒ chī dàngāo.

④ A : 你看什么?
Nǐ kàn shénme?
B : 我看电视。
Wǒ kàn diànshì.

♠ 다음 그림과 어울리는 동사를 아래에서 찾아 연결하고 중국어로 묻고 답해 보세요. 

06

你 吃 什么?

Nǐ chī shénme?

衣服 yīfu

茶 chá

书 shū

电视 diànshì

米饭 mǐfàn

音乐 yīnyuè

可乐 kělè

面包 miànbāo

吃 chī

喝 hē

买 mǎi

看 kàn

听 tīng

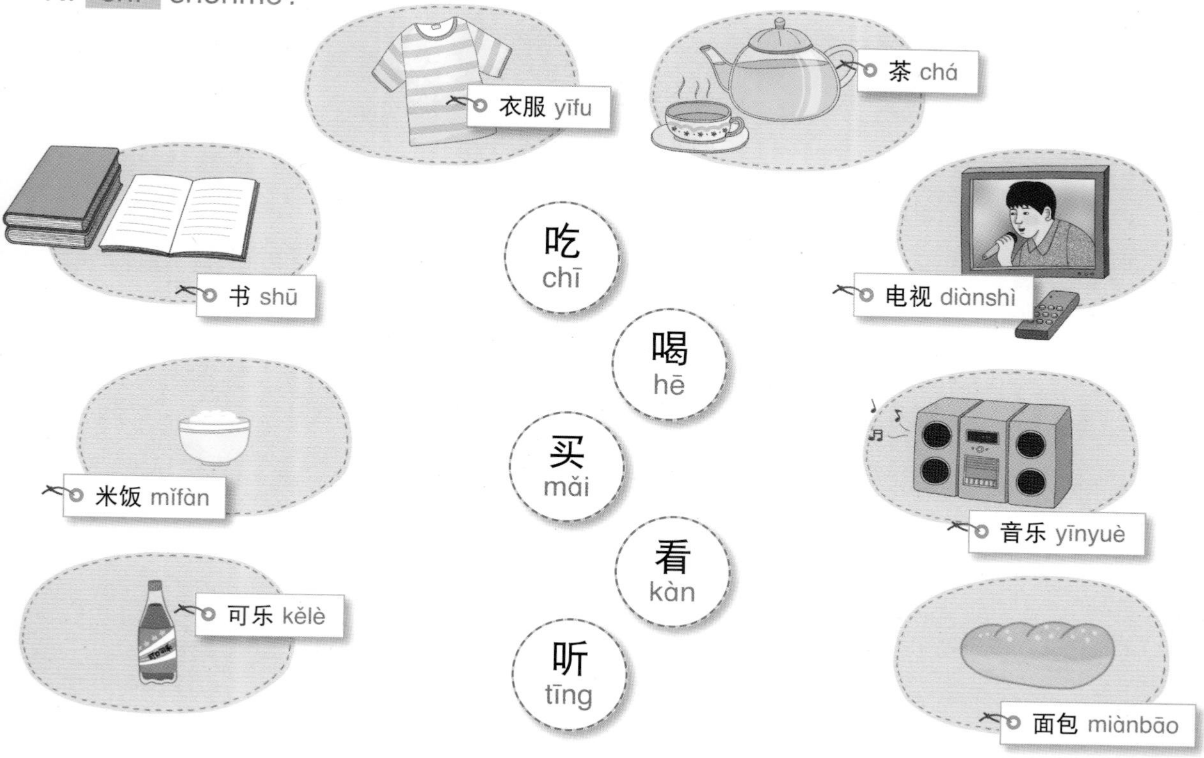

대화1

A : 你吃什么? 너 뭐 먹을래?
Nǐ chī shénme?

B : 我吃面包。 나 빵 먹을래.
Wǒ chī miànbāo.

대화2

A : 你喝什么? 뭐 마실래?
Nǐ hē shénme?

B : 我喝茶。 난 차 마실래.
Wǒ hē chá.

대화3

A : 你听什么? 너 뭐 들어?
Nǐ tīng shénme?

B : 我听音乐。 나 음악 들어.
Wǒ tīng yīnyuè.

대화4

A : 你买什么? 뭐 사려고?
Nǐ mǎi shénme?

B : 我买衣服。 옷 사려고.
Wǒ mǎi yīfu.

단어

衣服 yīfu 옷

面包 miànbāo 빵

可乐 kělè 콜라

茶 chá (마시는)차

tīng yi tīng 听一听 듣고 푸는 문제

Track 34

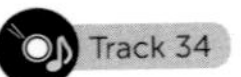

1 잘 듣고 알맞은 운모를 찾아 O 하세요.

❶ ia ai

❷ ei ie

❸ ia ian

❹ iong ing

2 잘 듣고 미나가 하려는 것을 골라 선으로 이으세요.

❶ ❷ ❸ ❹ ❺

3 대화를 듣고 질문에 알맞은 답을 고르세요.

❶ a. 喝咖啡 b. 不喝

❷ a. 蛋糕 b. 可乐

❸ a. 茶 b. 书

❹ a. 面包 b. 米饭

1 그림을 보고 알맞은 동사를 보기에서 찾아 쓰세요.

보기 看 听 喝 吃 买

______ ______ ______ ______ ______

2 알맞은 것끼리 연결한 후 그 뜻을 빈칸에 쓰세요.

❶ 米饭 •	• kāfēi	→	______
❷ 咖啡 •	• xièxie	→	______
❸ 蛋糕 •	• mǐfàn	→	______
❹ 谢谢 •	• dàngāo	→	______

3 빈칸에 알맞은 중국어를 넣어 대화를 완성해보세요.

❶ A：你 ☐☐☐ 面包?

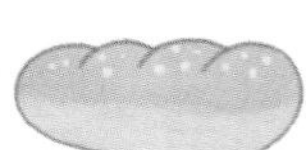

B：我不吃，谢谢。

❷ A：你 ☐ 什么?

B：我 ☐ 咖啡。

你喜欢什么季节?

Nǐ xǐhuan shénme jìjié?

喜欢 xǐhuan 동 좋아하다
季节 jìjié 계절
冬天 dōngtiān 겨울
为什么 wèishénme 부 왜, 어째서
滑雪 huáxuě 동 스키를 타다
因为 yīnwèi 접 왜냐하면(~때문이다)

공원에서 할리와 미나가 계절에 대해 이야기를 한다.

你喜欢什么季节?

Nǐ xǐhuan shénme jìjié?

我喜欢冬天。

Wǒ xǐhuan dōngtiān.

为什么?

Wèishénme?

因为我喜欢滑雪。

Yīnwèi wǒ xǐhuan huáxuě.

해석

할리 : 너 어떤 계절을 좋아하니?

미나 : 난 겨울이 좋아.

할리 : 왜?

미나 : 나는 스키 타는 것을 좋아하거든.

1 四个季节 사계절
sì ge jìjié

春天 chūntiān 봄	夏天 xiàtiān 여름	秋天 qiūtiān 가을	冬天 dōngtiān 겨울

我喜欢 春天。 나는 봄을 좋아합니다.
Wǒ xǐhuan chūntiān

夏天 나는 여름을 좋아합니다.
xiàtiān

秋天 나는 가을을 좋아합니다.
qiūtiān

冬天 나는 겨울을 좋아합니다.
dōngtiān

2 你喜欢什么季节? 어떤 계절을 좋아하세요?
Nǐ xǐhuan shénme jìjié?

'什么'는 뒤의 명사를 꾸며 '어떤', '무슨'의 의미를 나타냅니다. 의문대사 '什么'를 포함하므로 의문문이 됩니다.

你喜欢什么 电影 ? 당신은 어떤 영화를 좋아하나요?
Nǐ xǐhuan shénme diànyǐng

菜 당신은 어떤 음식을 좋아하나요?
cài

游戏 당신은 어떤 오락을 좋아하나요?
yóuxì

대화

A : 你喜欢什么菜？ 어떤 음식을 좋아하세요?
Nǐ xǐhuan shénme cài?

B : 我喜欢韩国菜。 저는 한국 음식 좋아해요.
Wǒ xǐhuan Hánguócài.

단어

电影 diànyǐng 영화
菜 cài 요리, 음식
游戏 yóuxì 게임
韩国菜 Hánguócài 한국 음식

3

我喜欢滑雪。 난 스키 타는 걸 좋아해요.

Wǒ xǐhuan huá xuě.

07

'喜欢'은 '좋아하다'는 뜻으로 사람 등 어떤 대상을 말할 때는 '喜欢' 뒤에 명사만 써도 상관없으나, 취미 등 동작까지 표현할 수 있는 것은 동사와 함께 말해야 합니다. 가령 '나 영화 좋아해'를 중국어로 표현할 때, '我喜欢电影' 보다는 '我喜欢看电影'으로 더 많이 말합니다.

我喜欢 吃中国菜。 나는 중국 음식 먹는 것을 좋아합니다.
Wǒ xǐhuan chī Zhōngguócài

玩儿游戏 나는 오락하는 것을 좋아합니다.
wánr yóuxì

做菜 나는 요리하는 것을 좋아합니다.
zuò cài

游泳 나는 수영하는 것을 좋아합니다.
yóuyǒng

대화1

A : 你喜欢吃中国菜吗？ 중국 음식 좋아해요?
Nǐ xǐhuan chī Zhōngguócài ma?

B : 我喜欢吃中国菜。 중국 음식 좋아해요.
Wǒ xǐhuan chī Zhōngguócài.

대화2

A : 你喜不喜欢看电影？ 영화 보는 거 좋아해요?
Nǐ xǐ bu xǐhuan kàn diànyǐng?

B : 我不喜欢看电影。 영화 보는 거 안 좋아해요.
Wǒ bù xǐhuan kàn diànyǐng.

단어

中国菜 Zhōngguócài 중국 음식
玩(儿) wán(r) 동 놀다
做 zuò 동 하다
游泳 yóuyǒng 동 수영을 하다

biān kàn biān shuō 边看边说 보면서 말하면서

힌트
游泳 yóuyǒng 수영하다

♠ 그림을 보고 상황에 맞게 중국어로 말해 보세요.  Track 37

①

A : 어떤 계절을 좋아하세요?

B : 저는 봄을 좋아합니다.

②

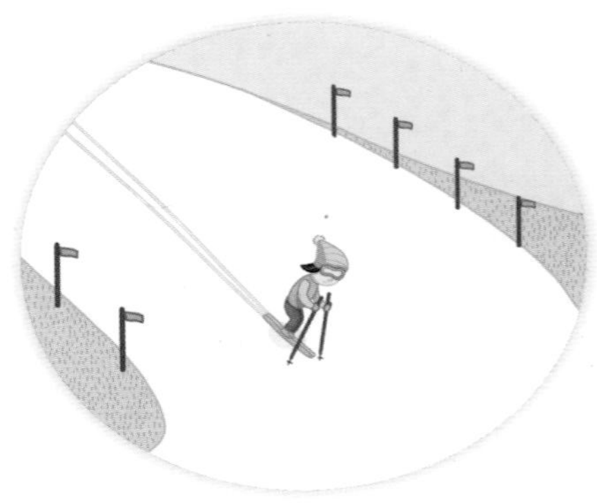

A : 어떤 계절을 좋아하세요?

B : 겨울이요, 전 스키타는 것을 좋아하거든요.

③

A : 가을 좋아하세요?

B : 가을 좋아합니다.

④

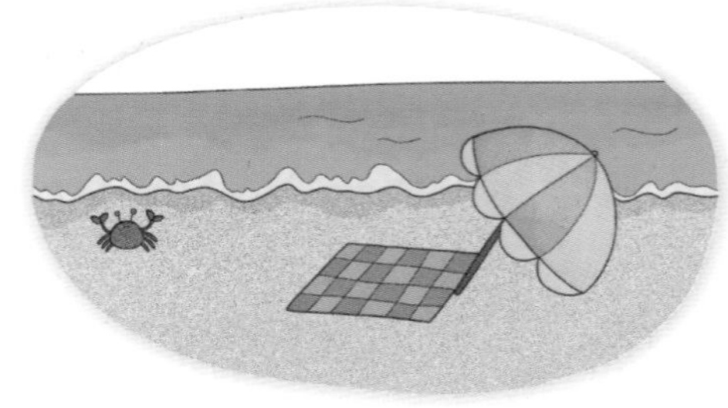

A : 여름 좋아하시나요?

B : 좋아해요. 수영하는 것을 좋아하거든요.

---

① A : 你喜欢什么季节?
Nǐ xǐhuan shénme jìjié?
B : 我喜欢春天。
Wǒ xǐhuan chūntiān.

② A : 你喜欢什么季节?
Nǐ xǐhuan shénme jìjié?
B : 冬天，因为我喜欢滑雪。
Dōngtiān, yīnwèi wǒ xǐhuan huáxuě.

③ A : 你喜欢秋天吗?
Nǐ xǐhuan qiūtiān ma?
B : 我喜欢秋天。
Wǒ xǐhuan qiūtiān.

④ A : 你喜不喜欢夏天?
Nǐ xǐ bu xǐhuan xiàtiān?
B : 我喜欢，因为我喜欢游泳。
Wǒ xǐhuan, yīnwèi wǒ xǐhuan yóuyǒng.

♠ 그림을 보고 무엇을 좋아하는지 중국어로 말해 보세요. 

你喜欢什么?
Nǐ xǐhuan shénme?

玩儿游戏 wánr yóuxì

喝可乐 hē kělè

听音乐 tīng yīnyuè

看电影 kàn diànyǐng

吃中国菜 chī Zhōngguócài

做菜 zuò cài

看电视 kàn diànshì

대화1

A : 你喜欢什么? 무엇을 좋아하시나요?
Nǐ xǐhuan shénme?

B : 我喜欢听音乐。 음악 듣는 것을 좋아합니다.
Wǒ xǐhuan tīng yīnyuè.

대화2

A : 你喜欢做菜吗? 요리하는 것을 좋아하시나요?
Nǐ xǐhuan zuò cài ma?

B : 我喜欢做菜。 저는 요리하는 거 좋아합니다.
Wǒ xǐhuan zuò cài.

tīng yi tīng 听一听 듣고 푸는 문제

Track 39

1 잘 듣고 알맞은 운모를 찾아 O 하세요.

❶	jù	xǔ	wǔ
❷	zhèn	zěn	shēn
❸	jūn	qún	yún
❹	nián	tiān	hǎn

2 잘 듣고 빈칸에 들어갈 말을 보기에서 골라 쓰세요.

❶ A：你 ☐☐ 看书吗?

B：我不 ☐☐ 看书，我 ☐☐ 看 ☐☐ 。

❷ A：你喜 ☐ 喜欢吃 ☐☐☐ ?

B：我喜欢吃 ☐☐☐ 。

보기

电影
喜欢
中国菜
不

3 잘 듣고 다음 그림과 일치하면 O , 그렇지 않으면 X 표 하세요.

❶ ☐ ❷ ☐ ❸ ☐

1 빈칸에 알맞은 중국어를 쓰세요.

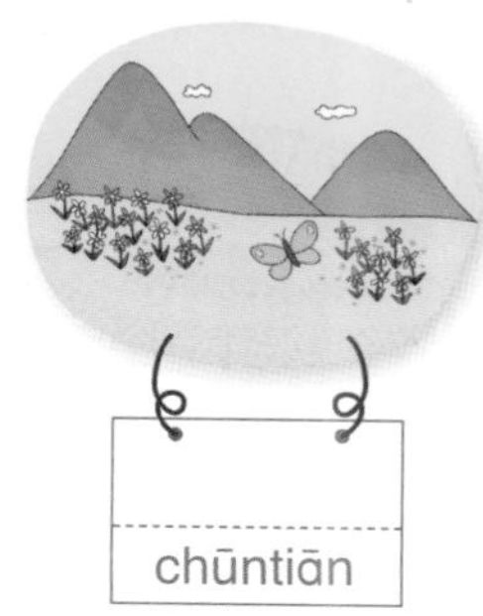

chūntiān

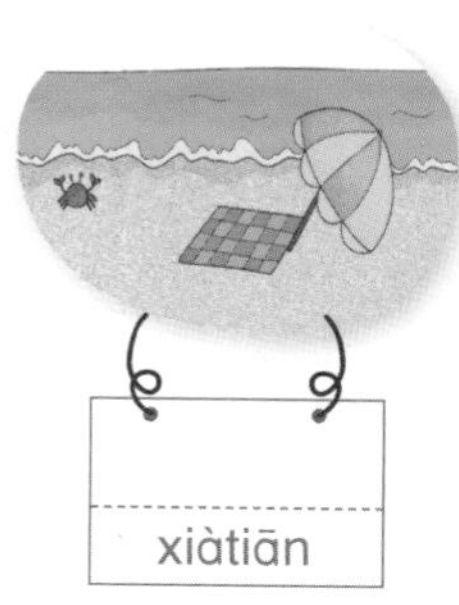

xiàtiān

qiūtiān

dōngtiān

2 다음 그림을 보고 빈칸에 알맞은 중국어를 써보세요.

❶

• 他 ☐☐ 冬天。

❷

• 他 ☐☐☐ 看电影。

3 다음 문장을 읽고 알맞은 병음을 찾아 연결하세요.

❶ 你喜欢冬天吗? •	• Wǒ xǐhuan chūntiān.
❷ 她喜欢吃中国菜。 •	• Nǐ xǐhuan dōngtiān ma?
❸ 我喜欢滑雪。 •	• Wǒ xǐhuan huáxuě.
❹ 我喜欢春天。 •	• Tā xǐhuan chī Zhōngguócài.

天气怎么样?

Tiānqì zěnmeyàng?

天气 tiānqì 날씨
暖和 nuǎnhuo 형 따뜻하다
公园 gōngyuán 공원
怎么样 zěnmeyàng 대 어떠하다
去 qù 동 가다
吧 ba 어기 ~합시다
很 hěn 부 매우
哪儿 nǎr 대 어디

08

주말, 기숙사에 있는 미나와 밖에 있는 샤오룽이 전화 통화를 한다.

天气怎么样?
Tiānqì zěnmeyàng?

很好，很暖和。
Hěn hǎo, hěn nuǎnhuo.

我们去哪儿?
Wǒmen qù nǎr?

去公园吧!
Qù gōngyuán ba!

해석

미나 : 날씨 어때?

샤오룽 : 좋아, 따뜻해.

미나 : 우리 어디 가지?

샤오룽 : 공원 가자!

1 怎么样? 어때요?
Zěnmeyàng?

'~이 어떠하다' 란 뜻으로 앞에 대상을 넣어 대상이 어떠한지 묻습니다.

대화1

A: 老师怎么样？ 선생님 어떠셔?
Lǎoshī zěnmeyàng?

B: 很好，很漂亮。 좋으셔, 예쁘시고.
Hěn hǎo, hěn piàoliang.

대화2

A: 我哥哥怎么样？ 우리 오빠 어때?
Wǒ gēge zěnmeyàng?

B: 很高，很帅。 키 크시다, 잘생기셨고.
Hěn gāo, hěn shuài.

2 天气怎么样? 날씨 어때요?
Tiānqì zěnmeyàng?

'매우 좋다, 매우 따뜻하다' 처럼 '매우'를 강조하지 않아도, 중국 사람들은 형용사 앞에 흔히 '很'을 붙여 말합니다.

A: 天气怎么样？ 날씨 어때요?
Tiānqì zěnmeyàng?

B: 很 Hěn 冷 lěng 。 춥습니다.
热 rè 덥습니다.
凉快 liángkuai 시원합니다.
暖和 nuǎnhuo 따뜻합니다.

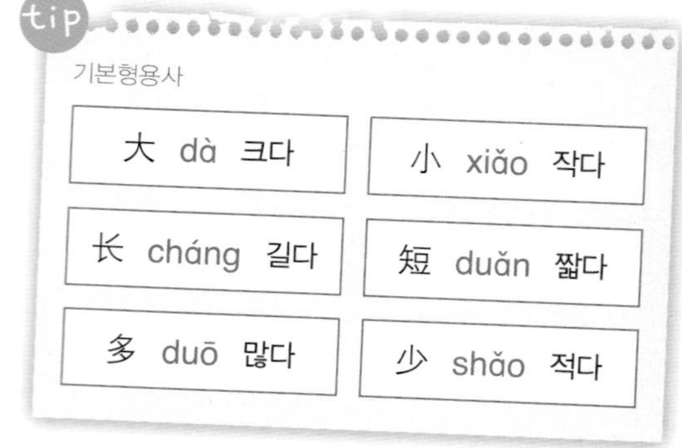

tip
기본형용사
大 dà 크다
小 xiǎo 작다
长 cháng 길다
短 duǎn 짧다
多 duō 많다
少 shǎo 적다

단어

漂亮 piàoliang 형 예쁘다
高 gāo 형 키가 크다
帅 shuài 형 잘생기다
冷 lěng 형 춥다
热 rè 형 덥다
凉快 liángkuai 형 시원하다

08

3 去公园 공원에 가요
qù gōngyuán

'去'는 뒤에 장소목적어가 와서 '~에 가다'란 의미를 나타냅니다.

A : 你去哪儿？ 어디에 갑니까?
Nǐ qù nǎr?

B : 我去 长城 。 저는 만리장성에 갑니다.
Wǒ qù Chángchéng

电影院 저는 영화관에 갑니다.
diànyǐngyuàn

咖啡厅 저는 커피숍에 갑니다.
kāfēitīng

4 吧 ~합시다
ba

어기사 '吧'는 문장 끝에 위치해 '~하자'의 뜻을 나타냅니다. 주로 상대방에게 건의하거나 요구할 때 사용합니다.

대화

A : 我们去哪儿？ 우리 어디 갈까?
Wǒmen qù nǎr?

B : 我们去咖啡厅吧。 우리 커피숍 가자.
Wǒmen qù kāfēitīng ba.

단어

长城 Chángchéng 만리장성 电影院 diànyǐngyuàn 영화관 咖啡厅 kāfēitīng 커피숍

biān kàn biān shuō 边看边说 보면서 말하면서

힌트

北京 Běijīng 중국의 수도, 베이징

♠ 그림을 보고 상황에 맞게 중국어로 말해 보세요. 

① 

미나 : 우리 어디 갈까?

샤오롱 : 우리 만리장성에 가자!

② 

리카 : 춥다.

미나 : 우리 커피숍에 가자!

③ 

오빠 : 북경 어때?

미나 : 북경 엄청 커. 사람도 많고.

④ 

엄마 : 선생님은 어떠셔?

미나 : 좋으셔. 잘생기셨어.

---

① A : 我们去哪儿?
Wǒmen qù nǎr?
B : 我们去长城吧!
Wǒmen qù Chángchéng ba!

② A : 很冷。
Hěn lěng.
B : 我们去咖啡厅吧!
Wǒmen qù kāfēitīng ba!

③ A : 北京怎么样?
Běijīng zěnmeyàng?
B : 北京很大，人很多。
Běijīng hěn dà, rén hěn duō.

④ A : 老师怎么样?
Lǎoshī zěnmeyàng?
B : 很好，很帅。
Hěn hǎo, hěn shuài.

♠ 그림을 보고 각 국의 날씨가 어떤지 중국어로 묻고 답해 보세요. Track 43

天气怎么样?

Tiānqì zěnmeyàng?

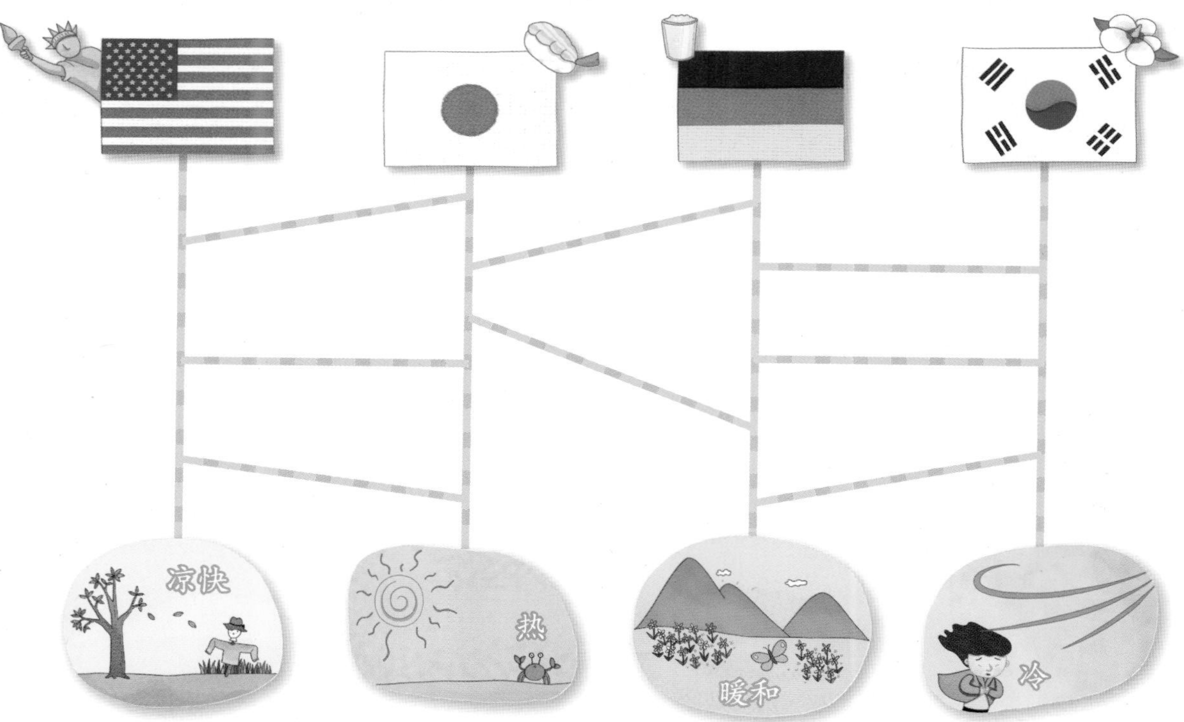

대화1

A : 美国天气怎么样? 미국 날씨는 어때?
Měiguó tiānqì zěnmeyàng?

B : 很热，韩国怎么样? 더워, 한국은 어때?
Hěn rè, Hánguó zěnmeyàng?

A : 韩国很暖和。 한국은 따뜻해.
Hánguó hěn nuǎnhuo.

대화2

A : 德国天气怎么样? 독일 날씨는 어때?
Déguó tiānqì zěnmeyàng?

B : 德国很冷，日本怎么样? 독일은 추워, 일본은 어때?
Déguó hěn lěng, Rìběn zěnmeyàng?

A : 日本很凉快。 일본은 시원해.
Rìběn hěn liángkuai.

tīng yi tīng
听一听

듣고 푸는 문제

Track 44

1 잘 듣고 음절을 완성하세요.

❶ ____iān ____ì

❷ ____uǎn ____uo

❸ g________ y________

❹ d____ x________

2 잘 듣고 들은 내용과 일치하면 O, 일치하지 않으면 X 하세요.

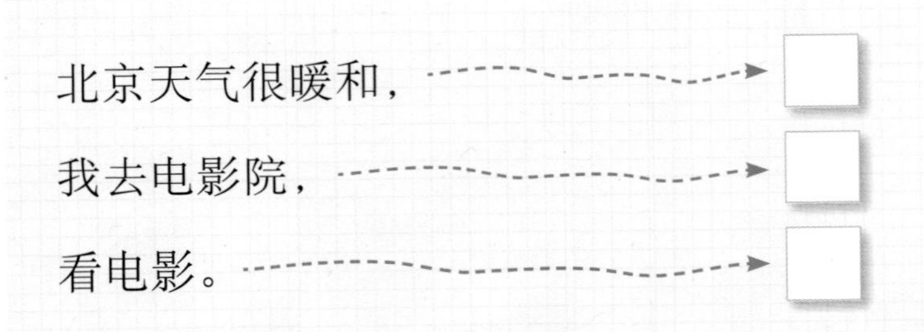
北京天气很暖和，
我去电影院，
看电影。

3 잘 듣고 보기에서 알맞은 말을 찾아 두 사람의 대화를 완성하세요.

보기 吧 怎么样 哪儿 暖和

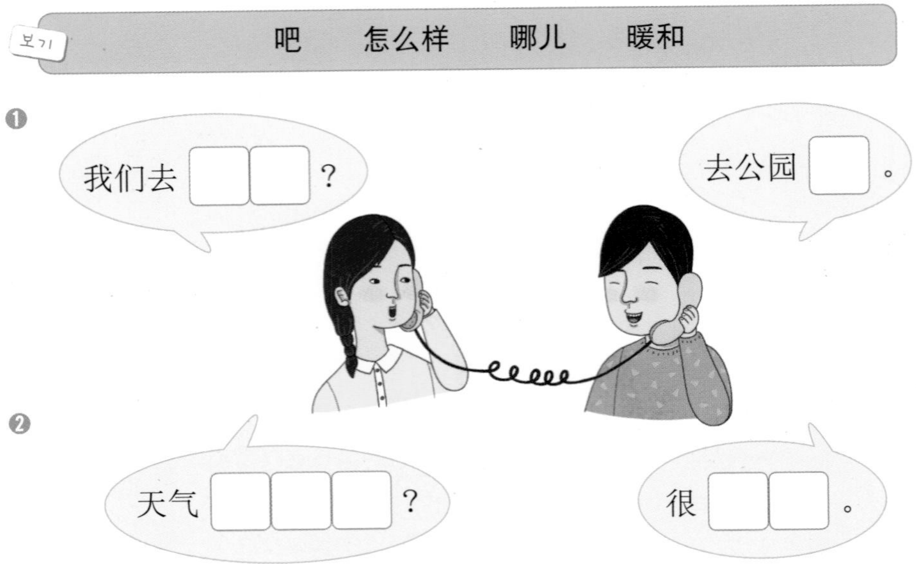
❶
我们去 ☐☐？
去公园 ☐。
❷
天气 ☐☐☐？
很 ☐☐。

1 다음 문장이 자연스럽게 연결되도록 순서대로 배열하세요.

보기

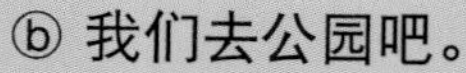

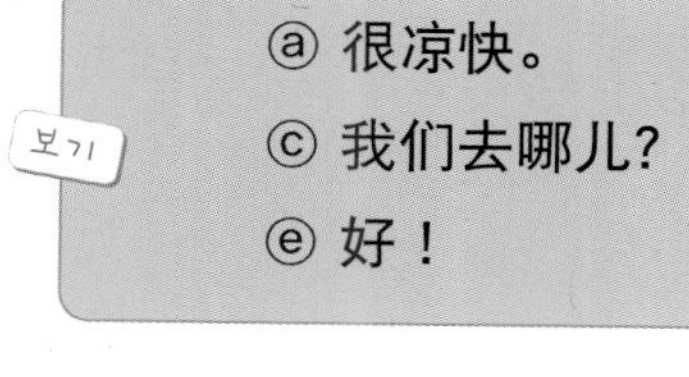

ⓐ 很凉快。
ⓑ 我们去公园吧。
ⓒ 我们去哪儿?
ⓓ 天气怎么样?
ⓔ 好!

( ) → ( ) → ( ) → ( ) → ( )

2 왼쪽 단어를 읽고 반대되는 단어를 써보세요.

보기

少
小
热
短

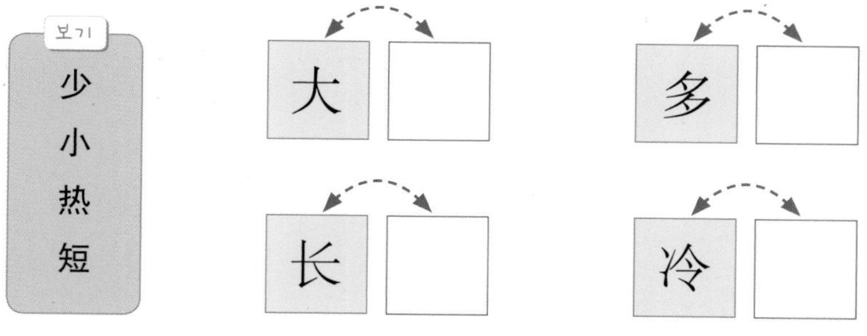

3 어순을 바르게 배열하여 문장을 완성해 보세요.

❶ 날씨 좋아, 따뜻해.

很　天气　好　暖和　很

→ ______________________, ______________________。

❷ 베이징 엄청 커, 사람도 많고.

北京　大　很　很　人　多

→ ______________________, ______________________。

Track 45

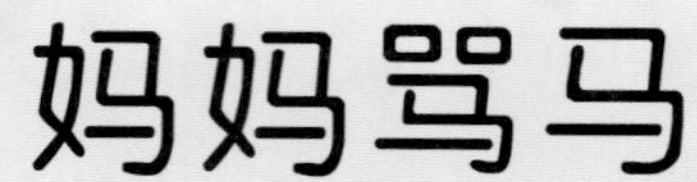

Māma mà mǎ 엄마가 말을 혼내다

妈妈种麻，	Māma zhòng má,
我去放马。	wǒ qù fàng mǎ.
马吃了麻，	Mǎ chīle má,
妈妈骂马。	māma mà mǎ.

단어

种 zhòng 동 (씨를)뿌리다
麻 má 식물 삼, 마
放 fàng 동 놓아주다, 풀어놓다
马 mǎ 동물 말
骂 mà 동 욕하다, 질책하다

엄마는 마(麻)를 심고,
나는 말을 방목한다네.
말이 마(麻)를 먹어서
엄마가 말을 혼낸다네.

今天星期几?

Jīntiān xīngqī jǐ?

今天 jīntiān 오늘　　星期 xīngqī 요일　　生日 shēngrì 생일

月 yuè 월　　号 hào 일

09

오전 수업이 끝나고 쉬는 시간에 할리와 리카가 날짜에 대해 이야기 나눈다.

今天星期几?
Jīntiān xīngqī jǐ?

今天星期四。
Jīntiān xīngqīsì.

你的生日是几月几号?
Nǐ de shēngrì shì jǐ yuè jǐ hào?

我的生日是10月5号。
Wǒ de shēngrì shì shíyuè wǔ hào.

할리 : 오늘 무슨 요일이야?

리카 : 오늘 목요일.

할리 : 너 생일은 몇 월 며칠이니?

리카 : 내 생일은 10월 5일이야.

1 今天 오늘 (시간명사)
jīntiān

前天	昨天	今天	明天	后天
qiántiān	zuótiān	jīntiān	míngtiān	hòutiān
그저께	어제	오늘	내일	모레

前年	去年	今年	明年	后年
qiánnián	qùnián	jīnnián	míngnián	hòunián
재작년	작년	올해	내년	후년

대화

A : 明天我们去公园吧！ 내일 우리 공원에 가자!
Míngtiān wǒmen qù gōngyuán ba!

B : 好！ 좋아!
Hǎo!

2 星期几? 무슨 요일입니까?
xīngqī jǐ

'무슨 요일입니까?'는 중국어로 '星期几'이지, '几星期'가 아닙니다! 요일 표현은 '星期' 뒤의 숫자를 바꾸어 표현하기 때문에 '几'가 반드시 뒤에 와야 합니다.

星期一	星期二	星期三	星期四	星期五	星期六	星期天
xīngqīyī	xīngqī'èr	xīngqīsān	xīngqīsì	xīngqīwǔ	xīngqīliù	xīngqītiān
월요일	화요일	수요일	목요일	금요일	토요일	일요일

대화1

A : 今天星期几？ 오늘 무슨 요일이죠?
Jīntiān xīngqī jǐ?

B : 今天星期三。 오늘은 수요일입니다.
Jīntiān xīngqīsān.

대화2

A : 前天星期几？ 그저께는 무슨 요일이었나요?
Qiántiān xīngqī jǐ?

B : 前天星期一。 그저께는 월요일이었죠.
Qiántiān xīngqīyī.

3

几月几号 몇 월 며칠
jǐ yuè jǐ hào

三	月	二十五	号。	3월 25일
Sān	yuè	èrshíwǔ	hào	
五		一		5월 1일
Wǔ		yī		
六		九		6월 9일
Liù		jiǔ		
十一		三十		11월 30일
Shíyī		sānshí		

tip

1. 날짜나 요일을 말할 때는 보통 '是'를 생략하고 말합니다. 하지만 '오늘은 월요일이 아니야.'라고 부정 할 때는 '今天不是星期一。'로 '是'를 반드시 써 주어야 한다는 것에 주의하세요!
2. 회화체에서 '며칠'을 표현할 때, '~日(rì)'가 아닌 '~号(hào)'를 씁니다. '日'는 주로 문서상에서 사용합니다.

대화

A : 你的生日是几月几号？ 생일은 몇 월 며칠이세요?
Nǐ de shēngrì shì jǐ yuè jǐ hào?

B : 我的生日是五月二十六号。 제 생일은 5월 26일입니다.
Wǒ de shēngrì shì wǔyuè èrshíliù hào.

☆ 中国的节日 중국의 명절
Zhōngguó de jiérì

春节 Chūnjié 음력설 阴历(음력) 1月1日
劳动节 Láodòngjié 노동절 5月1日
儿童节 Értóngjié 어린이 날 6月1日
中秋节 Zhōngqiūjié 추석 阴历 (음력) 8月15日
国庆节 Guóqìngjié 국경일(건국기념일) 10月1日

• 중국의 어린이날은 우리와 날짜가 다릅니다.

중국의 음력과 양력
阴历(=农历)九月四号 음력 9월 4일
yīnlì(= nónglì) jiǔyuè sì hào
阳历十月五号 양력 10월 5일
yánglì shíyuè wǔ hào

☆ 그밖에...

圣诞节 Shèngdànjié 크리스마스
情人节 Qíngrénjié 발렌타인데이
白色情人节 Báisè qíngrénjié 화이트데이

biān kàn biān shuō 边看边说  보면서 말하면서

♠ 그림을 보고 상황에 맞게 중국어로 말해 보세요. 

① 

할리 : 생신이 몇 월 며칠입니까?
선생님 : 내 생일은 3월 9일이에요.

②

리카 : 오늘 며칠이지?
할리 : 오늘 16일.

리카 : 어린이날은 몇 월 며칠이니?
샤오롱 : 어린이날은 6월 1일이야.

④

리카 : 국경절은 몇 월 며칠이야?
샤오롱 : 국경절은 10월 1일이야.

① A : 您的生日是几月几号?
Nín de shēngrì shì jǐ yuè jǐ hào?
B : 我的生日是三月九号。
Wǒ de shēngrì shì sānyuè jiǔ hào.

② A : 今天几号?
Jīntiān jǐ hào?
B : 今天十六号。
Jīntiān shíliù hào.

③ A : 儿童节是几月几号?
Értóngjié shì jǐ yuè jǐ hào?
B : 儿童节是六月一号。
Értóngjié shì liùyuè yī hào.

④ A : 国庆节是几月几号?
Guóqìngjié shì jǐ yuè jǐ hào?
B : 国庆节是十月一号。
Guóqìngjié shì shíyuè yī hào.

♠ 달력을 보고 해당하는 날짜를 중국어로 묻고 답해 보세요. Track 49

明天星期几?

Míngtiān xīngqī jǐ?

09

5月
星期一
星期二
星期三
星期四
星期五
星期六
星期天
노동절
오늘!
엄마생신
할리 생일
어린이날

대화1

A: 明天星期几? 내일 무슨 요일인가요?
Míngtiān xīngqī jǐ?

B: 明天星期二。 내일은 화요일입니다.
Míngtiān xīngqī'èr.

대화2

A: 美娜妈妈的生日是星期几? 미나 어머니 생신은 무슨 요일인가요?
Měinà māma de shēngrì shì xīngqī jǐ?

B: 美娜妈妈的生日是星期五。 미나 어머니 생신은 금요일입니다.
Měinà māma de shēngrì shì xīngqīwǔ.

대화3

A: 哈利的生日是星期几? 할리의 생일은 무슨 요일인가요?
Hālì de shēngrì shì xīngqī jǐ?

B: 哈利的生日是星期天。 할리의 생일은 일요일입니다.
Hālì de shēngrì shì xīngqītiān.

听一听 듣고 푸는 문제

Track 50

1 잘 듣고 알맞은 병음에 O 하세요.

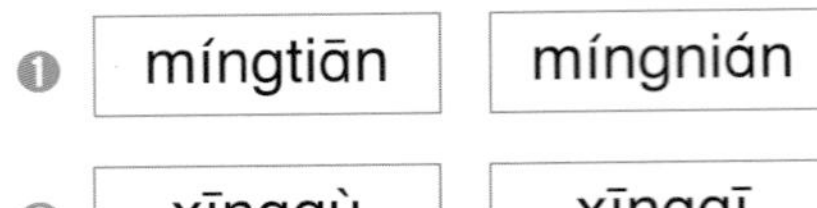

❶ míngtiān / míngnián

❷ xīngqù / xīngqī

❸ ěrdòng / értóng

❹ shēngrì / xìngrén

2 요일 이름을 듣고 알맞은 병음에 O 하세요.

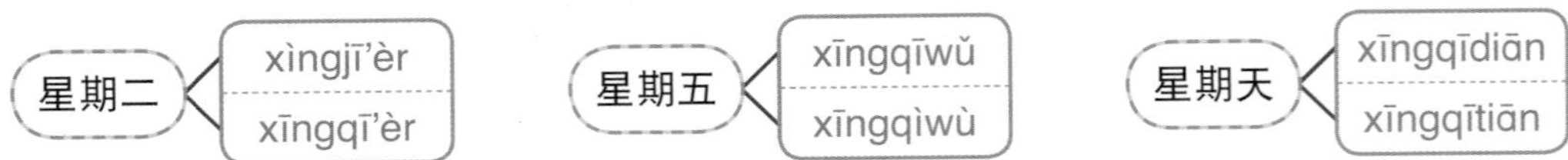

星期二 — xìngjī'èr / xīngqī'èr

星期五 — xīngqīwǔ / xīngqìwù

星期天 — xīngqīdiān / xīngqītiān

3 잘 듣고 관계 있는 것끼리 서로 연결하세요.

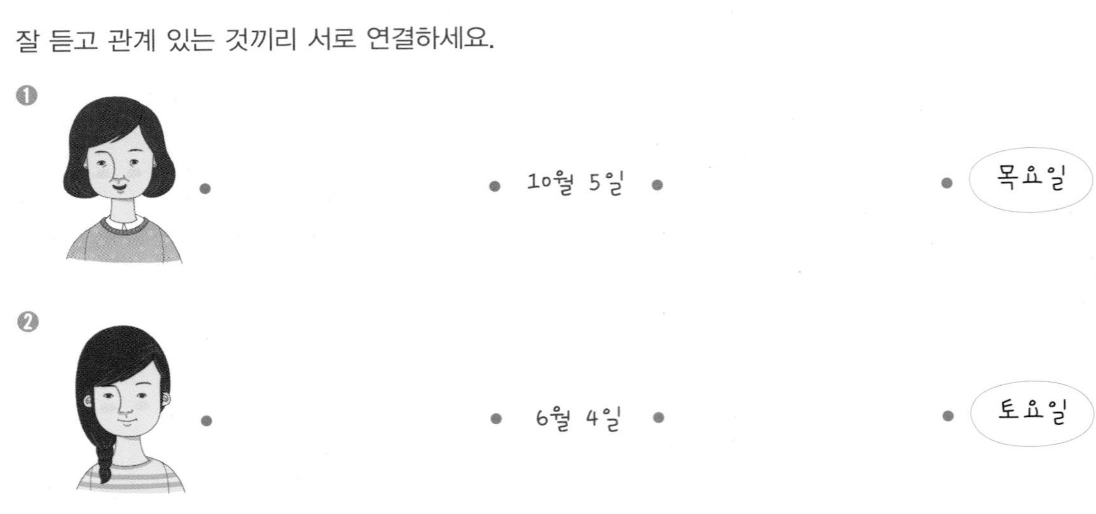

❶ • • 10월 5일 • • 목요일

❷ • • 6월 4일 • • 토요일

❸ • • 2월 23일 • • 화요일

1 다음 빈칸을 채우세요.

❶ 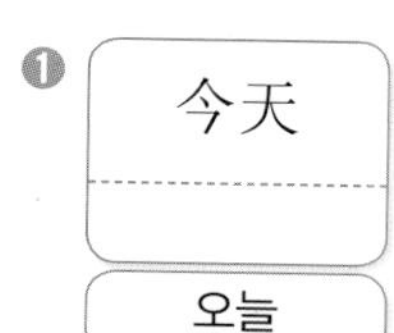

❷ 

❸ 

❹ 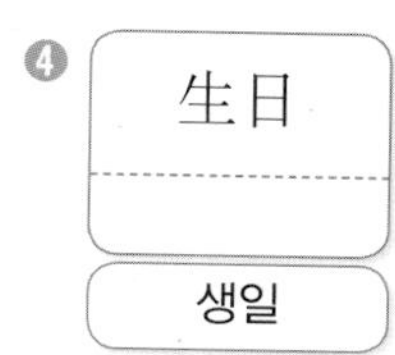

❺ 

2 달력을 보고 다음 질문에 답하세요.

5月

星期一	星期二	星期三	星期四	星期五	星期六	星期天
1 노동절	2	3	4	5	6	7
8	9	10	11	12	13	14
15	16	17	18	19 엄마생신	20	21
22	23	24	25	26 오늘!	27	28 찰리 생일
29	30	31	1 어린이날	2	3	4

❶ 今天几号？

______________。

❷ 今天星期几？

______________。

❸ 明天几月几号？

______________。

❹ 昨天星期几？

______________。

❺ 后天星期几？

______________。

3 빈칸을 채워 문장을 완성해보세요.

❶ Q：你的 ☐☐ 是 ☐ 月 ☐ 号?

A：我的 ☐☐ 是5月25号。

❷ Q：今天 ☐☐☐ ？

A：今天 ☐☐ 五。

你在哪儿?

Nǐ zài nǎr?

喂 wèi/wéi 감탄 여보세요
在 zài 동 ~에 있다
学校 xuéxiào 학교
百货商店 bǎihuò shāngdiàn 백화점
后面 hòumian 뒤, 뒤쪽

할리가 미나에게 전화해 어디에 있는지 묻는다.

喂，你在哪儿?
Wéi, nǐ zài nǎr?

我在百货商店。
Wǒ zài bǎihuò shāngdiàn.

百货商店在哪儿?
Bǎihuò shāngdiàn zài nǎr?

在学校后面。
Zài xuéxiào hòumian.

할리 : 여보세요? 어디야?

미나 : 나 백화점에 있어.

할리 : 백화점은 어디에 있니?

미나 : 학교 뒤쪽에 있어.

1 我在百货商店。 나는 백화점에 있어요.
Wǒ zài bǎihuò shāngdiàn.

동사 '在' 뒤에는 보통 장소나 위치가 목적어로 옵니다.

我 Wǒ	在 zài	图书馆 túshūguǎn。	나는 도서관에 있습니다.
妈妈 Māma		银行 yínháng	엄마는 은행에 있습니다.
		超市 chāoshì	엄마는 슈퍼마켓에 있습니다.

대화

A : 喂，你在哪儿？ 여보세요, 어디에 계세요?
Wéi, nǐ zài nǎr?

B : 我在银行。 은행에 있어요.
Wǒ zài yínháng.

tip

주의하세요!
우리말로 '있다'라고 해서 '有'를 쓰면 안됩니다.

妈妈在银行。 엄마는 은행에 계십니다. (O)
Māma zài yínháng.

妈妈有银行。 엄마는 은행을 갖고 계십니다. (X)
Māma yǒu yínháng.

☆ 在와 有의 비교

在	사람, 사물이 존재하는 장소를 나타냅니다.
有	소유나 존재의 유무를 나타냅니다.

사람/사물 + 在 + 장소 누가 어디에 있다 / 사물이 어디에 있다

我在学校。 나는 학교에 있다.
Wǒ zài xuéxiào.

书在桌子上。 책은 테이블 위에 있다.
Shū zài zhuōzi shang.

사람/장소 + 有 + 사물 누구는 사물이 있다 / 어디에 사물이 있다

爸爸有手机。 아빠는 핸드폰이 있다.
Bàba yǒu shǒujī.

桌子上有书。 테이블 위에 책이 있다.
Zhuōzi shang yǒu shū.

단어

图书馆 túshūguǎn 도서관　银行 yínháng 은행　超市 chāoshì 슈퍼마켓
桌子 zhuōzi 테이블

2

~面(~边) ~쪽(방향)

mian (bian)

10

'~쪽'이라고 방위를 나타낼 때, '~面'(边)을 붙여 줍니다. 대화할 때는 보통 어감을 가볍게 하기위해 '儿'(er)을 붙여서 발음하기도 합니다. 주의 할 점은 '옆(쪽)'은 '旁边' (pángbiān) (旁面✕), '맞은편'은 '对面' (duìmiàn) (对边✕)이라고 해야 합니다.

上 shàng	下 xià	里 lǐ	外 wài	前 qián	后 hòu	+ 面 / 边 mian / bian
위	아래	안	밖	앞	뒤	쪽

☆ 对面 duìmiàn 맞은편 ☆ 旁边 pángbiān 옆쪽

대화1

A : 电脑在哪儿？ 컴퓨터는 어디에 있나요?
Diànnǎo zài nǎr?

B : 电脑在桌子上面。 컴퓨터는 테이블 위에 있습니다.
Diànnǎo zài zhuōzi shàngmian.

대화2

A : 银行在哪儿？ 은행은 어디에 있나요?
Yínháng zài nǎr?

B : 银行在超市旁边。 은행은 슈퍼마켓 옆에 있습니다.
Yínháng zài chāoshì pángbiān.

♠ 그림을 보고 상황에 맞게 중국어로 말해 보세요.  Track 53

① A : 너 어디야?
B : 나 슈퍼마켓에 있어.
A : 슈퍼마켓은 어디에 있니?
B : 슈퍼마켓은 학교 맞은 편에 있어.

② A : 너 어디야?
B : 도서관에 있어.
A : 도서관이 어디에 있지?
B : 도서관은 학교 뒤쪽에 있어.

힌트
❶ 도서관
❷ 서점
❸ 학교
❹ PC방
❺ 슈퍼마켓
❻ 은행

---

① A : 你在哪儿?
Nǐ zài nǎr?
B : 我在超市。
Wǒ zài chāoshì.
A : 超市在哪儿?
Chāoshì zài nǎr?
B : 超市在学校对面。
Chāoshì zài xuéxiào duìmiàn.

② A : 你在哪儿?
Nǐ zài nǎr?
B : 我在图书馆。
Wǒ zài túshūguǎn.
A : 图书馆在哪儿?
Túshūguǎn zài nǎr?
B : 图书馆在学校后面。
Túshūguǎn zài xuéxiào hòumian.

♠ 그림을 보고 각 사물들의 위치를 중국어로 말해 보세요. Track 54

在哪儿?

Zài nǎr?

10

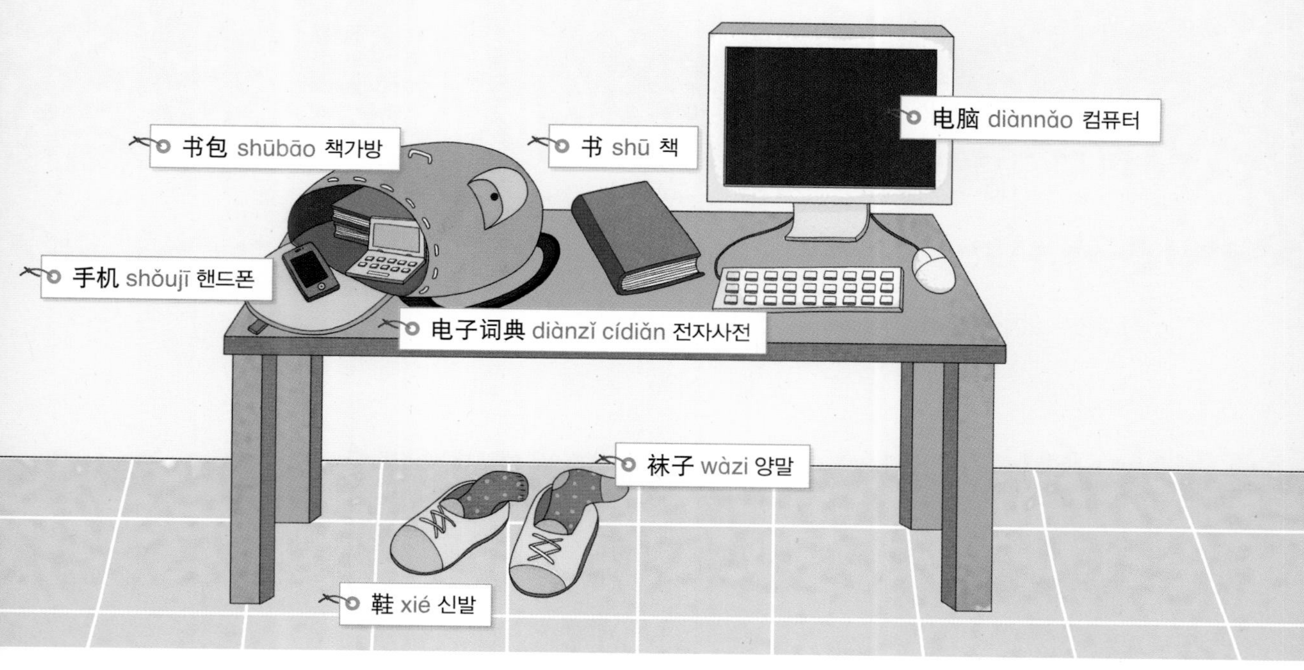

대화1

A : 桌子上有什么? 테이블 위에는 무엇이 있습니까?
Zhuōzi shang yǒu shénme?

B : 桌子上有电脑。 테이블 위에 컴퓨터가 있습니다.
Zhuōzi shang yǒu diànnǎo.

힌트

上面 shàngmian 위
下面 xiàmian 아래
旁边 pángbiān 옆
里面 lǐmian 안

대화2

A : 电脑在哪儿? 컴퓨터는 어디에 있습니까?
Diànnǎo zài nǎr?

B : 电脑在桌子上。 컴퓨터는 테이블 위에 있습니다.
Diànnǎo zài zhuōzi shang.

듣고 푸는 문제

Track 55

1 잘 듣고 음절을 완성하세요.

❶ b______ h______ sh_______ d_______

❷ t____ sh____ g_______ l____

❸ ____ué ____iào ____òu ____ian

❹ _____uō ____i _____áng ____iān

2 잘 듣고 보기의 단어를 이용하여 대화를 완성하세요.

보기 后面 上面 前面 里面 下面

❶ A：学校在哪儿?
B：学校在超市 ☐☐ 。

❷ A：手机在哪儿?
B：手机在桌子 ☐☐ 。

3 잘 듣고 들은 내용과 그림이 일치하면 O, 일치하지 않으면 X 하세요.

❶ O X

❷ O X

❸ O X

❹ O X

1 다음 단어의 뜻과 병음을 쓰세요.

2 그림을 보고 보기의 힌트를 이용하여 빈칸을 채우세요.

보기 银行 百货商店 里 下面 桌子 书包

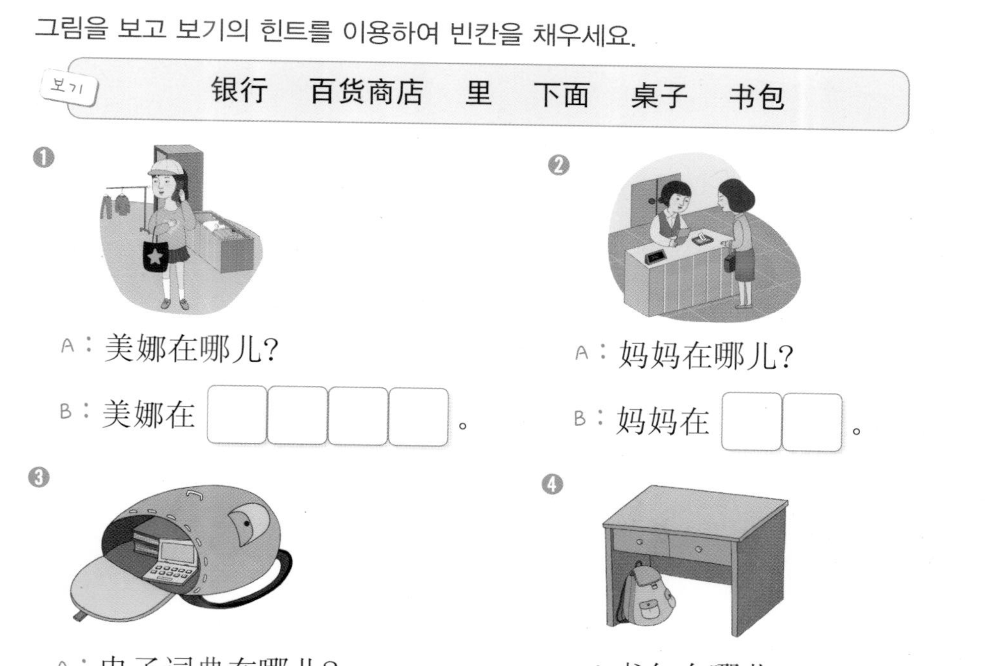

❶ A：美娜在哪儿?
B：美娜在 ☐☐☐☐。

❷ A：妈妈在哪儿?
B：妈妈在 ☐☐。

❸ A：电子词典在哪儿?
B：电子词典在 ☐☐☐。

❹ A：书包在哪儿?
B：书包在 ☐☐☐☐。

3 그림을 보고 바르게 설명한 것을 고르세요.

❶ 哈利在超市后面，美娜在银行前面。

❷ 哈利在超市前面，美娜在银行旁边。

你的手机号码是多少?

Nǐ de shǒujī hàomǎ shì duōshao?

号码 hàomǎ 번호
真 zhēn 부 진짜, 정말
联系 liánxì 동 연락하다
多少 duōshao 대 얼마, 몇
不错 búcuò 형 괜찮다, 좋다
零 líng 수 0, 영
常 cháng 부 자주

같은 헬스장에 다니는 리카와 할리는 전화번호를 교환한다.

你的手机号码是多少?
Nǐ de shǒujī hàomǎ shì duōshao?

13607166988。
Yāo sān liù líng qī yāo liù liù jiǔ bā bā.

这个号码真不错!
Zhège hàomǎ zhēn búcuò!

我们常联系吧!
Wǒmen cháng liánxì ba!

리카 : 너 핸드폰 번호가 몇 번이니?

할리 : 13607166988이야.

리카 : 이 번호 정말 좋구나!

할리 : 우리 자주 연락하자!

1 手机号码 휴대 전화 번호
shǒujī hàomǎ

'번호/넘버' 는 '号码'를 사용하여 말합니다. '码'를 생략하고 '号'만 쓰기도 합니다.

电话 diànhuà 전화	传真 chuánzhēn 팩스	护照 hùzhào 여권	身份证 shēnfènzhèng 신분증	+ 号(码)

대화

A : 这是我的电话号码。 이것은 나의 전화 번호 입니다.
Zhè shì wǒ de diànhuà hàomǎ.

B : 我们常联系吧。 우리 자주 연락합시다.
Wǒmen cháng liánxì ba.

2 号码是多少? 번호가 어떻게 되나요?
Hàomǎ shì duōshao?

电话号码 Diànhuà hàomǎ	是多少? shì duōshao	전화번호는 몇 번입니까?
传真号码 Chuánzhēn hàomǎ		팩스번호는 몇 번입니까?
护照号码 Hùzhào hàomǎ		여권번호는 몇 번입니까?
身份证号码 Shēnfènzhèng hàomǎ		신분증 번호는 몇 번입니까?

대화

A : 你的电话号码是多少? 전화번호가 몇 번인가요?
Nǐ de diànhuà hàomǎ shì duōshao?

B : 1360716988。 1360716988 번 입니다.
Yāo sān liù líng qī yāo liù jiǔ bā bā.

tip

왜 좋을까?

본문 중 "할리: 13607166988 이야."
"리카: 이 번호 정말 좋구나!"

뒷 번호 6988의 중국어 liù jiǔ bā bā 가 '流'(liu, 흐르다), '久'(jiǔ, 오래), '发发'(fāfā, '发财'fācái 돈을벌다)와 발음이 비슷하기 때문입니다. 이처럼 중국인들은 돈의 발음과 비슷한 발음을 좋아해서 돈을 주고 전화번호, 자동차 번호를 사기도 합니다.

一(幺) yāo

전화번호나 룸 넘버 등 번호를 말할 때, '一'는 yāo로 발음합니다.

단어

电话 diànhuà 전화　传真 chuánzhēn 팩스　护照 hùzhào 여권
身份证 shēnfènzhèng 신분증

真不错！ 정말 괜찮구나!
Zhēn búcuò

'真'은 '정말, 진짜'의 의미로 긍정을 더욱 강조하는 정도부사입니다.

真 Zhēn	漂亮 piàoliang ！	정말 예쁘구나!
	美 měi	정말 아름답구나!
	有意思 yǒuyìsi	정말 재미있구나!
	不容易 bù róngyì	정말 쉽지 않구나!

tip

'不错'에 '不'가 들어갔다고 해서 부정적인 의미가 아닙니다. '错'가 '틀리다, 나쁘다'라는 부정적인 의미이기 때문에, '不'를 붙이면서 긍정의 의미인 '好'의 뜻으로 쓰이게 됩니다.

常 자주
cháng

'常'은 동작의 발생 빈도가 많은 것을 나타냅니다. 한 번 더 써서 '常常'이라고도 합니다. 하지만, '자주 ~하지 않는다'라고 부정 할 때는 '不常常'이라고 하지 않고, '不常'이라고 합니다.

我常(常) Wǒ cháng(cháng)	看电影 kàn diànyǐng 。	나는 자주 영화를 봅니다.
	吃中国菜 chī Zhōngguócài	나는 자주 중국음식을 먹습니다.
	去中国 qù Zhōngguó	나는 자주 중국에 갑니다.
	玩儿游戏 wánr yóuxì	나는 자주 오락을 합니다.

대화

A：你常看电影吗？ 넌 자주 영화를 보니?
Nǐ cháng kàn diànyǐng ma?

B：我不常看电影。 난 영화 자주 안 봐.
Wǒ bù cháng kàn diànyǐng.

단어

美 měi 형 아름답다　　有意思 yǒuyìsi 형 재미있다　　不容易 bù róngyì 쉽지 않다

biān kàn biān shuō 边看边说 보면서 말하면서

힌트
颐和园 Yíhéyuán 이화원 (중국의 공원)
日本菜 Rìběncài 일본 음식

 그림을 보고 상황에 맞게 중국어로 말해 보세요. Track 58

①

여 : 너 오락 자주 해?
남 : 나 자주 해.

②

샤오롱 : 너 일본 음식 자주 먹니?
미나 : 일본 음식 안 좋아해. 자주 안 먹어.

③

할리 : 이쪽은 내 친구 브리트니라고 해.
미나 : 내 이름은 김미나야, 우리 자주 연락하자.

④

샤오롱 : 여기가 이화원이야.
미나 : 이화원 정말 예쁘구나!

---

① A : 你常玩儿游戏吗?
Nǐ cháng wánr yóuxì ma?
B : 我常玩儿游戏。
Wǒ cháng wánr yóuxì.

② A : 你常吃日本菜吗?
Nǐ cháng chī Rìběncài ma?
B : 我不喜欢日本菜，我不常吃。
Wǒ bù xǐhuan Rìběncài, wǒ bù cháng chī.

③ A : 这是我的朋友布兰妮。
Zhè shì wǒ de péngyǒu Bùlánnī.
B : 我叫金美娜，我们常联系吧。
Wǒ jiào Jīn Měinà, wǒmen cháng liánxì ba.

④ A : 这是颐和园。
Zhè shì Yíhéyuán.
B : 颐和园真美!
Yíhéyuán zhēn měi!

♠ 그림을 보고 각 번호를 중국어로 말해 보세요.  Track 59

号(码)是多少?

Hào(mǎ) shì duōshao?

대화1

A : 你的手机号码是多少? 핸드폰 번호가 몇 번이세요?
Nǐ de shǒujī hàomǎ shì duōshao?

B : 010-6183-5411。 010−6183−5411번이요.
Líng yāo líng liù yāo bā sān wǔ sì yāo yāo.

대화2

A : 你的传真号是多少? 팩스 번호가 몇 번이세요?
Nǐ de chuánzhēnhào shì duōshao?

B : 3289-1271。 3289−1271번입니다.
Sān èr bā jiǔ yāo èr qī yāo.

대화3

A : 你的护照号码是多少? 여권 번호가 몇 번이세요?
Nǐ de hùzhào hàomǎ shì duōshao?

B : 护照号码是TM1109452。 여권 번호는 TM1109452입니다.
Hùzhào hàomǎ shì TM yāo yāo líng jiǔ sì wǔ èr.

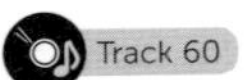

tīng yī tīng 听一听 듣고 푸는 문제

Track 60

1 잘 듣고 알맞은 병음에 O 하세요.

❶ hǎomā / hàomǎ

❷ búcuò / búzuò

❸ duōhǎo / duōshao

❹ liánxì / liánzǐ

2 잘 듣고 전화번호를 써보세요.

❶  Xiǎo Lóng ______________________

❷  Hālì ______________________

❸  Měinà ______________________

❹ Líhuā ______________________

3 잘 듣고 정답을 고르세요.

❶ 他的护照号码是多少?

a. TM2306548　　b. TM2308456

❷ 他传真号码是多少?

a. 03187291249　　b. 03187922194

1 단어를 읽고, 병음이 맞으면 O, 틀리면 X를 고르고, 틀린 것은 바르게 고쳐주세요.

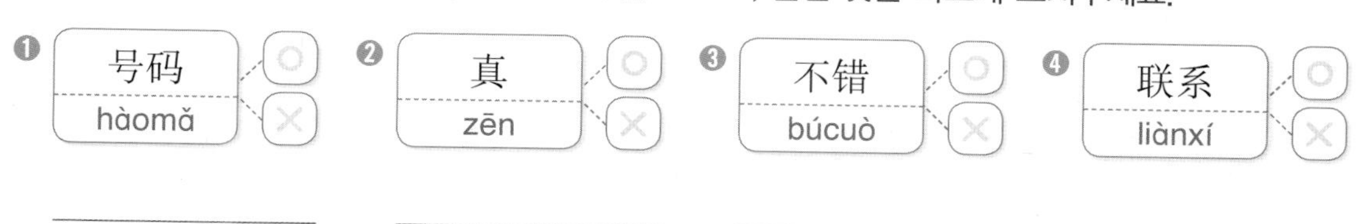

2 보기에서 알맞은 단어를 골라 문장을 완성하세요.

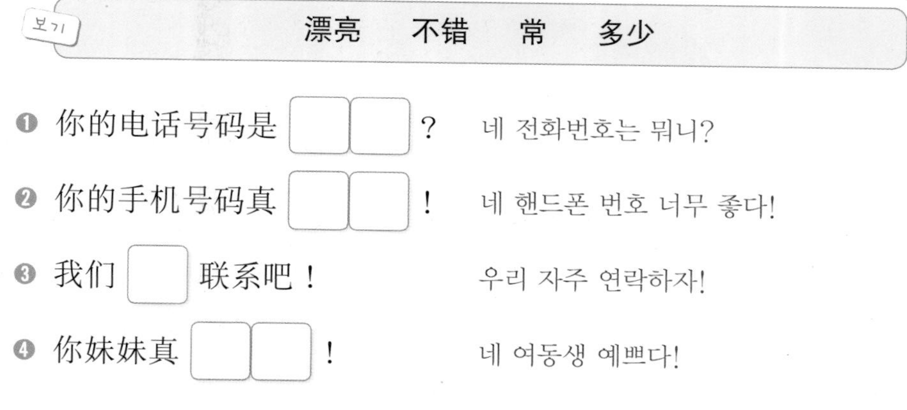

보기 漂亮 不错 常 多少
❶ 你的电话号码是 ? 네 전화번호는 뭐니?
❷ 你的手机号码真 ! 네 핸드폰 번호 너무 좋다!
❸ 我们 联系吧！ 우리 자주 연락하자!
❹ 你妹妹真 ! 네 여동생 예쁘다!

3 병음을 읽고 해당하는 번호를 숫자로 써보세요.

❶ Wǒ de shǒujī hàomǎ shì
líng yāo líng jiǔ jiǔ sān sì yāo èr sān sì.

❷ Wǒ de hùzhào hàomǎ shì
TM yāo sān bā qī qī liù.

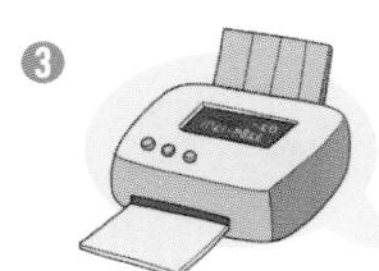

❸ Wǒ de chuánzhēn hàomǎ shì
líng èr sān sān èr bā sān èr yāo.

你要什么？

Nǐ yào shénme?

要 yào 동 원하다 草莓 cǎoméi 딸기 给 gěi 동 주다 斤 jīn 양 근

미나가 과일가게에서 과일을 산다.

你要什么？
Nǐ yào shénme?

我要草莓。
Wǒ yào cǎoméi.

你要多少？
Nǐ yào duōshao?

给我一斤。
Gěi wǒ yì jīn.

주인 : 무엇이 필요하세요?

미나 : 딸기가 필요한데요.

주인 : 얼마나 필요하세요?

미나 : 한 근 주세요.

1 我要草莓。 딸기가 필요해요.

Wǒ yào cǎoméi.

'要'는 '원하다/필요하다'라는 뜻으로 물건을 살 때, 혹은 식당에서 주문 할 때 많이 쓰는 동사입니다.

A : 你要什么？ 무엇이 필요하세요?
Nǐ yào shénme?

B : 我要 中文报 。 나는 중국 신문을 원해요.
Wǒ yào zhōngwénbào

咖啡 나는 커피를 원해요.
kāfēi

汉堡 나는 햄버거를 원해요.
hànbǎo

啤酒 나는 맥주를 원해요.
píjiǔ

tip

'要'가 '필요하다'의 뜻으로 쓰일 때의 부정은 '不要'로 합니다.

A : 你要不要中文报？ 중문 신문이 필요한가요?
Nǐ yào bu yào zhōngwénbào?

B : 我不要中文报。 중문 신문 필요 없어요.
Wǒ bú yào zhōngwénbào.

2 给我一斤。 한 근 주세요.

Gěi wǒ yì jīn.

동사 '给'는 '(~에게) 주다'의 뜻으로, '给+사람+사물'의 형태로 쓰입니다.

给我 巧克力 。 나에게 초콜릿을 주세요.
Gěi wǒ qiǎokèlì

词典 나에게 사전을 주세요.
cídiǎn

一个面包 나에게 빵 하나를 주세요.
yí ge miànbāo

礼物 나에게 선물을 주세요.
lǐwù

단어

中文报 zhōngwénbào 중국 신문
汉堡 hànbǎo 햄버거
啤酒 píjiǔ 맥주
巧克力 qiǎokèlì 초코렛
词典 cídiǎn 사전
礼物 lǐwù 선물

3 一斤 한 근 (양사)
yì jīn

무게를 말할 때 명사 앞에 쓰는 양사입니다. 이 때, '딸기 한 근'이라고 해서 '草莓一斤'이라고 하지 않도록 어순에 주의하세요!

两斤草莓 딸기 두 근
liǎng jīn cǎoméi

☆ 그 밖의 양사

一瓶 yì píng 한 병	一瓶可乐 yì píng kělè 콜라 한 병
一本 yì běn 한 권	一本书 yì běn shū 책 한 권
一件 yí jiàn 한 벌	一件衣服 yí jiàn yīfu 옷 한 벌
一杯 yì bēi 한 잔	一杯咖啡 yì bēi kāfēi 커피 한 잔

☆ 多少钱? 얼마예요?
Duōshao qián?

'얼마예요'의 뜻으로 가격을 물을 때 사용합니다.

대화

A : 你要什么？ 뭘 드릴까요?
Nǐ yào shénme?

B : 给我这本书，多少钱？ 이 책 주세요, 얼마예요?
Gěi wǒ zhè běn shū, duōshao qián?

B : 35块钱。 35원입니다.
Sānshíwǔ kuài qián.

단어

多少钱 duōshao qián 얼마, 얼마입니까　块 kuài 양 원 (화폐의 기본 단위)

biān kàn biān shuō 边看边说 보면서 말하면서

♠ 그림을 보고 상황에 맞게 중국어로 말해 보세요. Track 63

① A: 무엇이 필요하세요?
B: 사전 주세요.

② A: 무엇을 원합니까?
B: 콜라 주세요.

③ A: 무엇이 필요하세요?
B: 초콜릿 주세요.

④ A: 뭐 드릴까요?
B: 과일 주세요.

---

① A: 你要什么?
Nǐ yào shénme?
B: 我要词典。
Wǒ yào cídiǎn.

② A: 你要什么?
Nǐ yào shénme?
B: 我要可乐。
Wǒ yào kělè.

③ A: 你要什么?
Nǐ yào shénme?
B: 我要巧克力。
Wǒ yào qiǎokèlì.

④ A: 你要什么?
Nǐ yào shénme?
B: 我要水果。
Wǒ yào shuǐguǒ.

♠ 역할을 나누어 중국어로 묻고 대답해 보세요. 

12

给我 草莓 。
Gěi wǒ cǎoméi

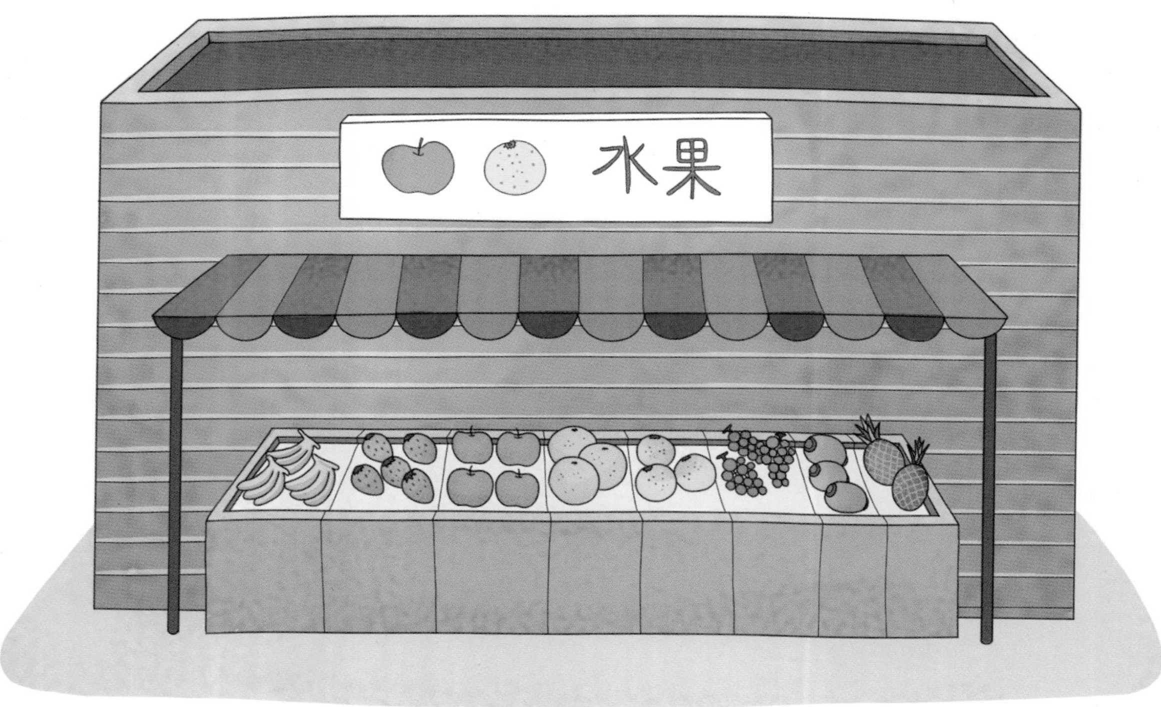

대화1

A : 你要什么? 무엇이 필요하십니까?
Nǐ yào shénme?

B : 给我一斤草莓。 딸기 한 근 주세요.
Gěi wǒ yì jīn cǎoméi.

대화2

A : 你要什么? 무엇이 필요하십니까?
Nǐ yào shénme?

B : 我要三斤苹果，多少钱? 사과 세 근 주세요, 얼마예요?
Wǒ yào sān jīn píngguǒ, duōshǎo qián?

A : 三斤十五块钱。 세 근에 15원입니다.
Sān jīn shíwǔ kuài qián.

힌트

香蕉 xiāngjiāo 바나나
草莓 cǎoméi 딸기
苹果 píngguǒ 사과
梨 lí 배
橘子 júzi 귤
葡萄 pútáo 포도
猕猴桃 míhóutáo 키위
菠萝 bōluó 파인애플

听一听 듣고 푸는 문제

Track 65

1 잘 듣고 하나의 짝을 찾아 단어를 완성하세요.

2 잘 듣고 들은 내용과 그림이 일치하면 O, 일치하지 않으면 X 하세요.

3 잘 듣고 미나가 산 물건과 일치하는 것을 고르세요.

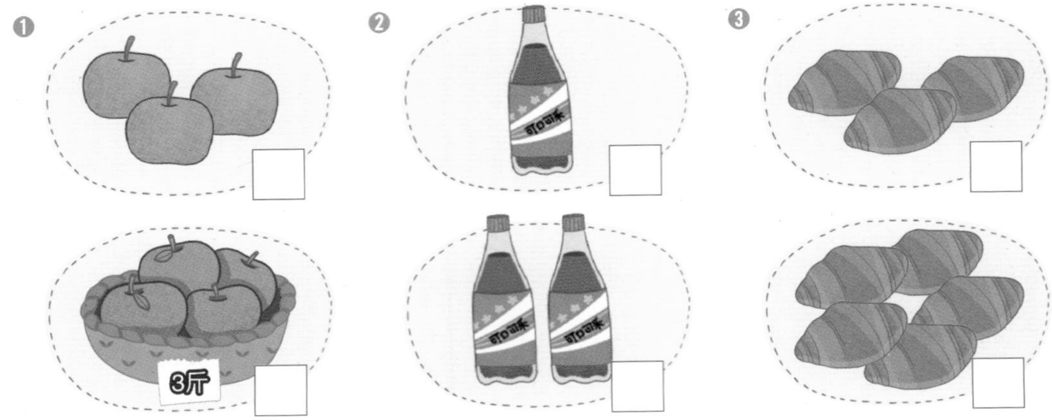

1 다음 보기에서 알맞은 양사를 골라 빈칸에 쓰세요.

보기
个
斤
❶ 两 ☐ 草莓 딸기 두 근
❷ 一 ☐ 汉堡 햄버거 한 개
❸ 四 ☐ 中国朋友 중국 친구 네 명
❹ 三 ☐ 苹果 사과 세 근

2 빈칸에 공통으로 들어갈 중국어를 쓰고 서로의 짝을 찾아 연결하세요.

你 ☐ 什么? •　　　　• 给我三斤。

你 ☐ 多少? •　　　　• 我 ☐ 草莓。

3 다음 문장을 중국어로 말해보세요.

❶ 무엇이 필요하세요? 要

________________________________。

❷ 빵 하나 주세요. 要

________________________________。

❸ 너에게 두 개 줄게. 给

________________________________。

rào kǒu lìng
绕口令 잰말놀이

Track 66

葡萄皮儿 포도 껍질

pútáo pír

吃葡萄不吐葡萄皮儿，

不吃葡萄倒吐葡萄皮儿。

Chī pútáo bù tǔ pútáo pír,

bù chī pútáo dào tǔ pútáo pír.

포도를 먹고 포도 껍질은 안 뱉고,

포도를 안 먹고 포도 껍질은 뱉았네.

단어

吐 tǔ 동 뱉다
皮儿 pír 껍질
倒 dào 부 오히려, 도리어

韩国菜好不好吃?

Hánguócài hǎo bu hǎochī?

好吃 hǎochī 형 맛있다	可(是) kě(shì) 접 그러나	有点儿 yǒudiǎnr 부 좀, 약간
辣 là 형 맵다	下次 xiàcì 다음(번)	一起 yìqǐ 부 함께, 같이

한국 음식을 먹고 돌아온 미국 친구 할리에게 미나가 묻는다.

韩国菜好不好吃?
Hánguócài hǎo bu hǎochī?

很好吃，可是有点儿辣。
Hěn hǎochī, kěshì yǒudiǎnr là.

我喜欢吃辣的。
Wǒ xǐhuan chī là de.

下次一起吃吧。
Xiàcì yìqǐ chī ba.

미나 : 한국 음식 맛있었어?

할리 : 맛있었어, 그런데 좀 맵더라.

미나 : 나 매운 것 좋아하는데.

할리 : 다음에 같이 먹자.

1 好吃 맛있어요
hǎochī

'看', '听' 등 일부 동사 앞에 쓰여 모양, 소리 등이 만족할 만큼 좋음을 나타냅니다.

好 hǎo	看 kàn	보기 좋다.
	听 tīng	듣기 좋다.
	喝 hē	마시기 좋다. ···› 맛이 좋다.
	玩儿 wánr	놀기 좋다. ···› 재미있다.

tip

~하기 쉽다

'好+동사'는 일부 동사와 쓰여 '~하기 쉽다'(=容易)의 의미도 있습니다.

好 hǎo	学 xué	배우기 쉬워요.
	找 zhǎo	찾기 쉬워요.
	写 xiě	쓰기 쉬워요.

2 好不好吃? 맛있어요?
Hǎo bu hǎochī?

'好吃吗？'로 '吗'의문문으로 물을 수 있지만, 정반의문문의 형태로 '好吃不好吃？'의 줄인 형태인 '好不好吃？'로도 많이 묻습니다.

好不好 Hǎo bu hǎo	看 kàn ？	보기 좋나요?
	听 tīng	듣기 좋나요?
	喝 hē	마시기 좋나요? ···› 맛이 좋나요?
	玩儿 wánr	놀기 좋나요? ···› 재미있나요?

대화

A : 咖啡好不好喝？ 커피 어때요?
Kāfēi hǎo bu hǎohē?

B : 很好喝。 맛이 좋네요.
Hěn hǎohē.

단어

学 xué 동 배우다　找 zhǎo 동 찾다　写 xiě 동 쓰다
酒 jiǔ 술

有点儿辣 조금 매워요

yǒudiǎnr là

한국어로 '좀~, 약간 그렇다~' 정도로 뭔가 2% 부족한 느낌, 즉 약간의 불만족 정도를 나타낼 때 바로 '有点儿'을 사용합니다. '정도부사'로 보통 형용사 술어 앞에 쓰입니다.

有点儿 yǒudiǎnr	咸 xián	좀 짜다.
	甜 tián	좀 달다.
	淡 dàn	좀 싱겁다.
	油腻 yóunì	좀 느끼하다.

tip

有点儿

'有点儿'은 불만족의 정도를 나타내기 때문에 긍정을 나타내는 형용사와는 쓰지 않습니다.

예) 有点儿好 (X)

可是

'可是'는 '是'를 생략하고 '可'하나로도 말 할 수 있습니다.

A : 这酒怎么样？ 이 술 어때요?
Zhè jiǔ zěnmeyàng?

B : 很好喝，可是很贵。맛이 좋지만 비싸요.
Hěn hǎohē, kěshì hěn guì.

대화

A : 中国菜怎么样？ 중국 음식 어때요?
Zhōngguócài zěnmeyàng?

B : 中国菜很好吃，可是有点儿油腻。 맛있지만, 조금 느끼해요.
Zhōngguócài hěn hǎochī, kěshì yǒudiǎnr yóunì.

一起吃吧。 같이 먹어요

Yìqǐ chī ba.

'一起'는 '함께/같이'의 뜻으로 '함께 무엇을 하자'고 권유 할 때 문장 뒤에 가볍게 '吧'를 붙여 표현합니다.

一起 Yìqǐ	走 zǒu	吧。 ba.	함께 가요.
	喝 hē		함께 마셔요.
	看 kàn		함께 봐요.
	玩儿 wánr		함께 놀아요.

단어

咸 xián 형 짜다
甜 tián 형 달다
淡 dàn 형 싱겁다
油腻 yóunì 형 느끼하다
贵 guì 형 비싸다
走 zǒu 동 걷다, 가다

biān kàn biān shuō 边看边说 보면서 말하면서

♠ 그림을 보고 상황에 맞게 중국어로 말해 보세요. 

①

A: 영화 재미있었어?(보기 좋아?)
B: 꽤 재미 있었어.(보기 좋아)

②

A: 북경 놀기 좋아?
B: 놀기 좋아, 다음에 같이 가자.

③

A: 중국 음식 맛있니?
B: 맛있어, 다음에 같이 먹자.

④

A: 커피 맛있니?
B: 맛있어.

---

① A: 电影好不好看?
Diànyǐng hǎo bu hǎokàn?
B: 很好看。
Hěn hǎokàn.

② A: 北京好不好玩儿?
Běijīng hǎo bu hǎowánr?
B: 很好玩儿，下次一起去吧。
Hěn hǎowánr, xiàcì yìqǐ qù ba.

③ A: 中国菜好不好吃?
Zhōngguócài hǎo bu hǎochī?
B: 很好吃，下次一起吃吧。
Hěn hǎochī, xiàcì yìqǐ chī ba.

④ A: 咖啡好不好喝?
Kāfēi hǎo bu hǎohē?
B: 很好喝。
Hěn hǎohē.

♠ 그림을 보고 맛을 중국어로 묻고 답해 보세요. Track 70

辣 不 辣？
Là bu là?

13

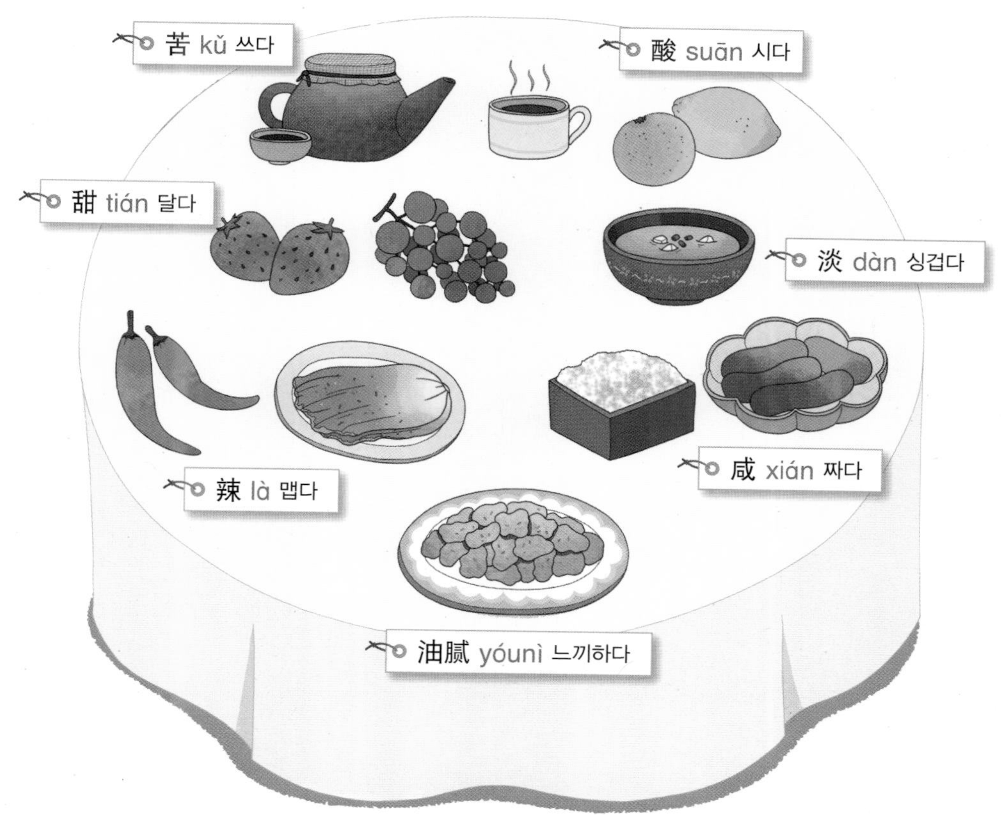

대화1

小龙：草莓甜不甜？ 딸기 다니?
Xiǎo Lóng：Cǎoméi tián bu tián?

美娜：草莓很甜。 딸기 달아.
Měinà：Cǎoméi hěn tián.

대화2

哈利：日本菜辣不辣？ 일본 음식 맵니?
Hālì：Rìběncài là bu là?

梨花：日本菜不辣，可是有点儿淡。 일본 음식은 맵지 않지만, 좀 싱거워.
Líhuā：Rìběncài bú là, kěshì yǒudiǎnr dàn.

Track 71

1 잘 듣고 알맞은 병음에 O 하세요.

❶	hǎocǐ	hǎochī	hǎoqù
❷	yìchǐ	yícì	yìqǐ
❸	kāpēi	kāfēi	gāfēi
❹	cǎoméi	zǎoméi	xiǎoméi

2 잘 듣고 해당하는 것끼리 연결하세요.

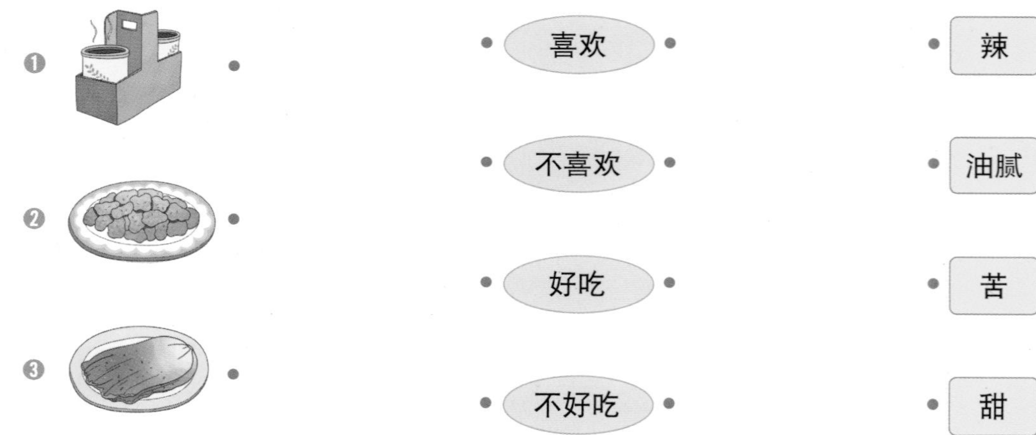

3 잘 듣고 어떤 맛을 좋아하는지 알맞은 그림을 선택하세요.

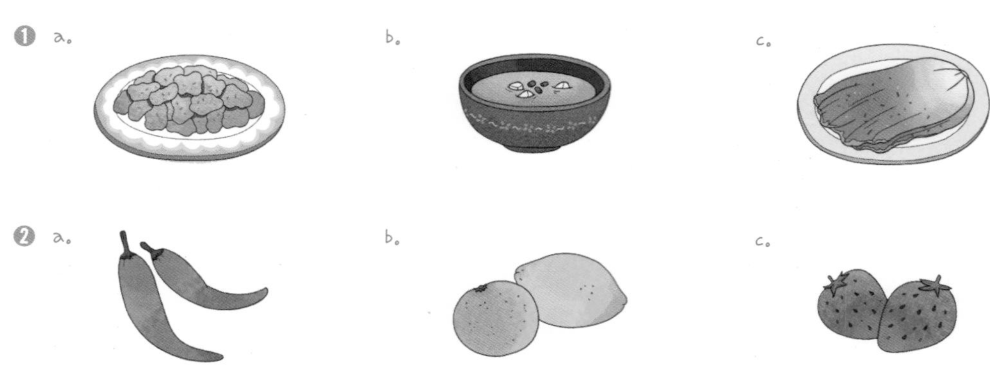

1 다음 단어의 병음을 쓰세요.

❶ 油腻 ____

❷ 甜 ____

❸ 苦 ____

❹ 辣 ____

❺ 咸 ____

❻ 淡 ____

2 보기와 같이 의문문으로 바꾸세요.

보기 好吃 → 好不好吃?

❶ 好喝 → □□□□?

❷ 好看 → □□□□?

❸ 好听 → □□□□?

❹ 好玩 → □□□□?

3 보기를 보고 다음 빈칸에 알맞은 말을 써 넣으세요.

보기
有点儿
可是
好吃
一起
吧

❶ 咖啡□□□苦。 커피는 조금 쓰다.

❷ □□玩儿□。 같이 놀자.

❸ 很好喝，□□有点儿甜。 맛있지만, 조금 달다.

❹ 中国菜很□□。 중국 음식은 맛있다.

周末你想做什么?

Zhōumò nǐ xiǎng zuò shénme?

周末 zhōumò 주말
那(么) nà(me) 접 그럼, 그렇다면
想 xiǎng 조동 ~하고 싶다
爬山 páshān 동 등산하다
不太 bú tài 부 그다지 ~하지 않다

14

하교길에 주말에 뭘 할지 미나가 할리에게 묻는다.

周末我想看电影，你呢？
Zhōumò wǒ xiǎng kàn diànyǐng, nǐ ne?

我不太喜欢看电影。
Wǒ bú tài xǐhuan kàn diànyǐng.

那你想做什么？
Nà nǐ xiǎng zuò shénme?

我想去爬山。
Wǒ xiǎng qù páshān.

미나 : 주말에 난 영화 보러 가고 싶은데, 너는?

할리 : 난 영화 보는 거 별로 안 좋아해.

미나 : 그럼, 너 뭐하고 싶은데?

할리 : 난 등산을 가고 싶어.

1 想 ~하고 싶습니다 (조동사 想)
xiǎng

'想'은 동사로 쓰일 때 '생각하다, 그립다'는 뜻이지만, 여기서는 '~하고 싶다'라는 뜻의 조동사로 쓰였습니다.

我想 Wǒ xiǎng	看 kàn	电影 diànyǐng 。	나는 영화를 보고 싶습니다.
	喝 hē	咖啡 kāfēi	나는 커피를 마시고 싶습니다.
	学 xué	汉语 Hànyǔ	나는 중국어를 배우고 싶습니다.
	吃 chī	面包 miànbāo	나는 빵을 먹고 싶습니다.

2 你想做什么? 당신은 무엇을 하고 싶으세요? (조동사 想)
Nǐ xiǎng zuò shénme?

의문사 '什么'가 있을 때 뒤에 의문 어기사 '吗'를 붙이지 않는다는 것은 이미 앞에서 배웠습니다. 이 형태로 동사만 바꾸어서 활용 할 수 있습니다.

你想 Nǐ xiǎng	吃 chī	什么? shénme	당신은 무엇을 먹고 싶습니까?
	喝 hē		당신은 무엇을 마시고 싶습니까?
	看 kàn		당신은 무엇을 보고 싶습니까?
	学 xué		당신을 무엇을 배우고 싶습니까?

대화1

A : 你想吃什么？ 뭐 먹고 싶어요?
Nǐ xiǎng chī shénme?

B : 我想吃汉堡。 햄버거 먹고 싶어요.
Wǒ xiǎng chī hànbǎo.

대화2

A : 你想喝什么？ 뭐 마시겠습니까?
Nǐ xiǎng hē shénme?

B : 我想喝可乐。 콜라 마시고 싶어요.
Wǒ xiǎng hē kělè.

단어

汉语 Hànyǔ 중국어

3 不太 그다지 ~하지 않다

bú tài

'不太'는 '그다지 ~ 하지 않다'의 뜻으로 '~한 정도'를 표현할 때 쓰는 정도부사 입니다. 형용사나 상태, 상황 등의 정도를 표현할 수 있는 심리, 감정동사 앞에 쓰입니다.

不太 好。 그다지 좋지 않다.
Bú tài hǎo

饿 그다지 배고프지 않다.
è

累 그다지 피곤하지 않다.
lèi

대화

A : 你累不累？ 피곤한가요?
Nǐ lèi bu lèi?

B : 不太累。 그다지 피곤하지 않아요.
Bú tài lèi.

4 去爬山 등산하러 가요 (연동문)

qù páshān

우리말로 '~하러 가다' 라는 표현을 할 때, 중국어는 '去(가다)'가 먼저 나와야 합니다. 즉, 중국어로는 '가서 ~을 하다'의 어순이 되어야 합니다. 이렇게 한 문장에 동사가 두 개 이상이 나올 수 있는데, 이를 '연동문'이라고 합니다.

去 看电影 영화보러 갑니다.
qù kàn diànyǐng

旅游 여행하러 갑니다.
lǚyóu

逛街 거리 구경하러 갑니다.
guàngjiē

上网 인터넷하러 갑니다.
shàngwǎng

대화

A : 你去哪儿？ 어디 가세요?
Nǐ qù nǎr?

B : 我去看电影。 영화 보러 갑니다.
Wǒ qù kàn diànyǐng.

단어

饿 è 형 배고프다
累 lèi 형 피곤하다
旅游 lǚyóu 동 여행하다
逛街 guàngjiē 동 거리 구경을 하다
上网 shàngwǎng 동 인터넷을 하다

biān kàn biān shuō 边看边说 보면서 말하면서

힌트
上网 shàngwǎng 인터넷을 하다
快餐厅 kuàicāntīng 패스트푸드점

♠ 그림을 보고 상황에 맞게 중국어로 말해 보세요. Track 74

① 

미나는 도서관에 가고 싶어합니다.
미나는 공부하러 가고 싶어합니다.

② 

미나는 피시방에 가고 싶어합니다.
미나는 인터넷을 하고 싶어합니다.

③ 

미나는 백화점에 가고 싶어합니다.
미나는 옷을 사고 싶어합니다.

④ 

미나는 패스트푸드점에 가고 싶어합니다.
미나는 햄버거를 먹고 싶어합니다.

---

① 美娜想去图书馆。
Měinà xiǎng qù túshūguǎn.
美娜想去学习。
Měinà xiǎng qù xuéxí.

② 美娜想去网吧。
Měinà xiǎng qù wǎngbā.
美娜想上网。
Měinà xiǎng shàngwǎng.

③ 美娜想去百货商店。
Měinà xiǎng qù bǎihuò shāngdiàn.
美娜想买衣服。
Měinà xiǎng mǎi yīfu.

④ 美娜想去快餐厅。
Měinà xiǎng qù kuàicāntīng.
美娜想吃汉堡。
Měinà xiǎng chī hànbǎo.

♠ 그림을 보고 주말에 무얼 하고 싶은지 묻고 답해 보세요. Track 75

周末你想做什么?

Zhōumò nǐ xiǎng zuò shénme?

14

대화1

小龙：周末你想做什么? 주말에 너 뭐 할래?
Xiǎo Lóng：Zhōumò nǐ xiǎng zuò shénme?

美娜：我想去逛街。거리구경 하고 싶어.
Měinà：Wǒ xiǎng qù guàngjiē.

대화2

美娜：周末我想打羽毛球。주말에 나 배드민턴 치고 싶은데.
Měinà：Zhōumò wǒ xiǎng dǎ yǔmáoqiú.

小龙：我不太想打羽毛球。난 배드민턴 그다지 치고 싶지 않은 걸.
Xiǎo Lóng：Wǒ bú tài xiǎng dǎ yǔmáoqiú.

美娜：那你想做什么? 그럼 넌 뭐하고 싶은데?
Měinà：Nà nǐ xiǎng zuò shénme?

小龙：我想踢足球。난 축구하고 싶어.
Xiǎo Lóng：Wǒ xiǎng tī zúqiú.

단어

做运动 zuò yùndòng 운동을 하다
踢 tī 동 (발로) 차다
打 dǎ 동 (손으로) 치다
足球 zúqiú 축구
羽毛球 yǔmáoqiú 배드민턴

1 잘 듣고 병음을 쓰세요.

❶ Nǐ xiǎng zuò__________?

❷ Wǒ__________qù páshān.

❸ Nǐ__________kàn diànyǐng ma?

❹ Wǒ__________xǐhuan kàn diànyǐng.

2 잘 듣고 해당하는 것끼리 연결하세요.

❶  • 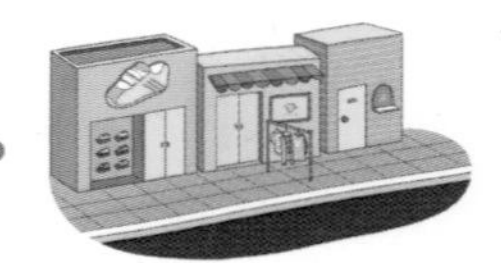 •

❷  •  •

❸  •  •

❹  •  •

3 잘 듣고 보기에서 해당하는 것을 골라 '하고 싶은 것'과 '하고 싶지 않은 것'을 써 넣으세요.

보기

看电影	爬山
去图书馆	去公园

1 다음 대화문을 해석하고 병음에 알맞은 성조를 표기하세요.

A : Zhoumo wo xiang kan dianying, ni ne?

____

B : Wo bu tai xinuan kan dianying.

____

2 보기에서 알맞은 단어를 골라 빈칸에 써 넣으세요.

보기: 看 去 做

Q : 周末你想 ☐ 什么?

A : 我想 ☐ 旅游。

我不太想 ☐ 电视。

3 빈칸에 알맞은 단어를 넣어 대화를 완성해 보세요.

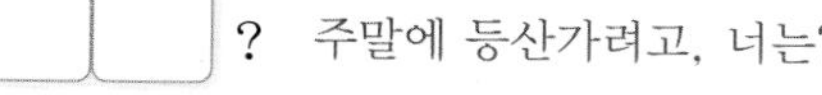

A : 周末我想去爬山, ☐☐? 주말에 등산가려고, 너는?

B : 我 ☐ 喜欢爬山。 난 등산 안 좋아해.

A : ☐ 你想做什么? 그럼 넌 뭐가 하고 싶은데?

B : 我想踢足球。 난 축구하고 싶어.

보기: 那 你 不 呢

你要去哪儿?

Nǐ yào qù nǎr?

Track 77

暑假 shǔjià 여름방학
怎么 zěnme 대 어떻게
要 yào 조동 ~하려고 하다
坐 zuò 동 타다, 앉다
上海 Shànghǎi 상하이(중국의 지명)
飞机 fēijī 비행기

여름 방학을 앞두고 미나와 일본 친구 리카가 대화를 나눈다.

暑假你要去哪儿?

Shǔjià nǐ yào qù nǎr?

我要去上海。

Wǒ yào qù Shànghǎi.

怎么去?

Zěnme qù?

我要坐飞机去。

Wǒ yào zuò fēijī qù.

리카 : 여름방학 때 너 어디 갈거야?

미나 : 나 상하이에 갈거야.

리카 : 어떻게 갈건데?

미나 : 비행기 타고 갈거야.

1 我要去上海。 저는 상해에 가려고 해요. (조동사 要)

Wǒ yào qù Shànghǎi.

'要'는 동사로 쓰일 때는 '~을 원하다, ~이 필요하다'의 뜻이지만, 여기서는 '~하려고 한다, ~할 예정이다'의 조동사 용법으로 쓰였습니다. '想'이 '~하고 싶다'정도라면 '要'는 좀 더 강한 의지를 나타냅니다.

평서문

我要 Wǒ yào	见朋友 jiàn péngyou 。	나는 친구를 만나려고 합니다.
	看电影 kàn diànyǐng	나는 영화를 보려고 합니다.
	去超市 qù chāoshì	나는 슈퍼마켓에 가려고 합니다.

부정문

조동사 용법인 '~하려고 한다'를 부정 할 때, '不要'라고 하지 않습니다. '不想'(~하고 싶지 않다) 혹은 '不'만으로 부정의 의미를 표현합니다.

我不要去北京。(X) Wǒ bú yào qù Běijīng.	我不想去北京。(O) Wǒ bù xiǎng qù Běijīng.

我不(想) Wǒ bù(xiǎng)	见朋友 jiàn péngyou 。	나는 친구를 만나지 않을 겁니다.
	看电影 kàn diànyǐng	나는 영화를 보지 않을 겁니다.
	去超市 qù chāoshì	나는 슈퍼마켓에 가지 않을 겁니다.

대화

A : 我要去超市，你呢？ 슈퍼마켓 가려구요, 당신은요?
Wǒ yào qù chāoshì, nǐ ne?

B : 我不想去超市。 나는 슈퍼마켓 안 갈래요.
Wǒ bù xiǎng qù chāoshì.

단어

见 jiàn 만나다

怎么去? 어떻게 갑니까? (의문사 怎么)

Zěnme qù?

수단/방법을 물어 볼 때, '怎么+동사'의 형태로 씁니다. 의문사이므로 문장 뒤에는 '吗'를 붙이지 않습니다.

怎么 Zěnme	办 bàn	?	어떻게 합니까?(어쩌죠?)
	卖 mài		어떻게 팝니까?
	写 xiě		어떻게 씁니까?

坐飞机去 비행기를 타고 갑니다

zuò fēijī qù

'坐'는 '앉다'라는 뜻도 있지만, 뒤에 교통수단과 같이 쓰면 '타다'라는 의미가 됩니다. '坐~去'는 '~(교통수단)을 이용해 가다'란 뜻이 되며, 두 개의 동사가 나오는 연동문에 해당합니다. 이때, 오토바이, 말, 자전거 등과 같이 기마자세로 올라 타는 것은 '骑'(qí)라고 합니다.

坐 zuò	地铁 dìtiě	去 qù	지하철을 타고 갑니다.
	公共汽车 gōnggòng qìchē		버스를 타고 갑니다.
	火车 huǒchē		기차를 타고 갑니다.
	出租车 chūzūchē		택시를 타고 갑니다.

tip

骑马 말을 타다
qí mǎ

骑自行车 자전거를 타다
qí zìxíngchē

骑摩托车 오토바이를 타다
qí mótuōchē

단어

办 bàn 동 처리하다, 하다
卖 mài 동 팔다
地铁 dìtiě 지하철
公共汽车 gōnggòng qìchē 버스
火车 huǒchē 기차
出租车 chūzūchē 택시
骑 qí 동 타다
自行车 zìxíngchē 자전거
摩托车 mótuōchē 오토바이

biān kàn biān shuō 边看边说 보면서 말하면서

♠ 그림을 보고 상황에 맞게 중국어로 말해 보세요.  Track 79

①

A : 여름방학에 너 어디 갈 거야?
B : 나 상해 가려구.
A : 어떻게 갈 건데?
B : 기차 타고 갈 거야.

②

A : 너 어디 가려구?
B : 나 학교 가려구.
A : 어떻게 갈 거야?
B : 지하철 타고 갈 거야.

③

A : 주말에 어디 가세요?
B : 출장 갑니다.
A : 어떻게 가세요?
B : 비행기 타고 갑니다.

---

① A : 暑假你要去哪儿?
Shǔjià nǐ yào qù nǎr?
B : 我要去上海。
Wǒ yào qù Shànghǎi.
A : 怎么去?
Zěnme qù?
B : 我要坐火车去。
Wǒ yào zuò huǒchē qù.

② A : 你要去哪儿?
Nǐ yào qù nǎr?
B : 我要去学校。
Wǒ yào qù xuéxiào.
A : 怎么去?
Zěnme qù?
B : 我要坐地铁去。
Wǒ yào zuò dìtiě qù.

 A : 周末你要去哪儿?
Zhōumò nǐ yào qù nǎr?
B : 我要去出差。
Wǒ yào qù chūchāi.
A : 怎么去?
Zěnme qù?
B : 我要坐飞机去。
Wǒ yào zuò fēijī qù.

♠ 그림을 보고 어디에 어떻게 갈지 중국어로 말해 보세요. Track 80

怎么去?

Zěnme qù?

我要去百货商店。
Wǒ yào qù bǎihuò shāngdiàn.
나는 백화점에 갑니다.

我要坐出租车去。
Wǒ yào zuò chūzūchē qù.
나는 택시 타고 가려고 합니다.

我要坐出租车去百货商店。
Wǒ yào zuò chūzūchē qù bǎihuò shāngdiàn.
나는 택시를 타고 백화점에 가려고 합니다.

我要去图书馆。
Wǒ yào qù túshūguǎn.
나는 도서관에 가려고 합니다.

我要骑自行车去。
Wǒ yào qí zìxíngchē qù.
나는 자전거를 타고 가려고 합니다.

我要骑自行车去图书馆。
Wǒ yào qí zìxíngchē qù túshūguǎn.
나는 자전거를 타고 도서관에 가려고 합니다.

Track 81

1 잘 듣고 발음의 성조가 잘못되었다면 바르게 고쳐주세요.

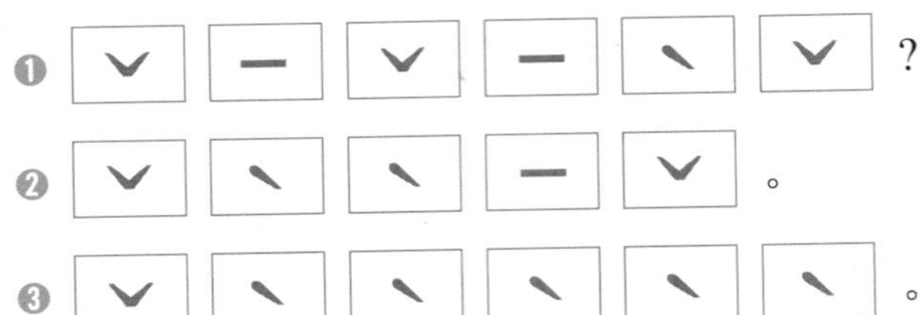

2 잘 듣고 관계 있는 그림끼리 서로 연결하세요.

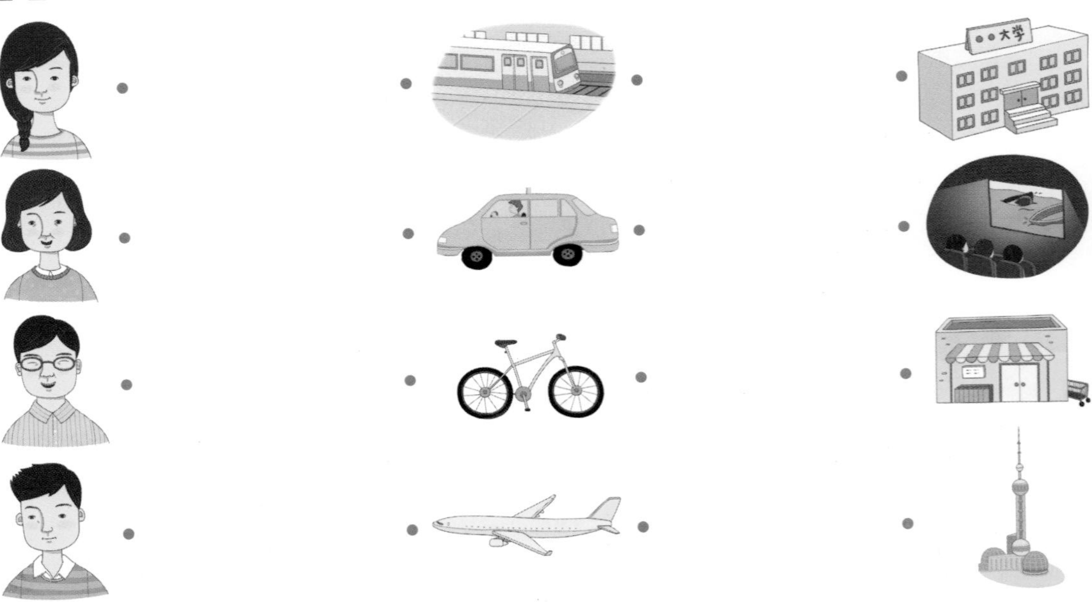

3 잘 듣고 그림과 일치하는 것에는 O, 그렇지 않으면 X 하세요.

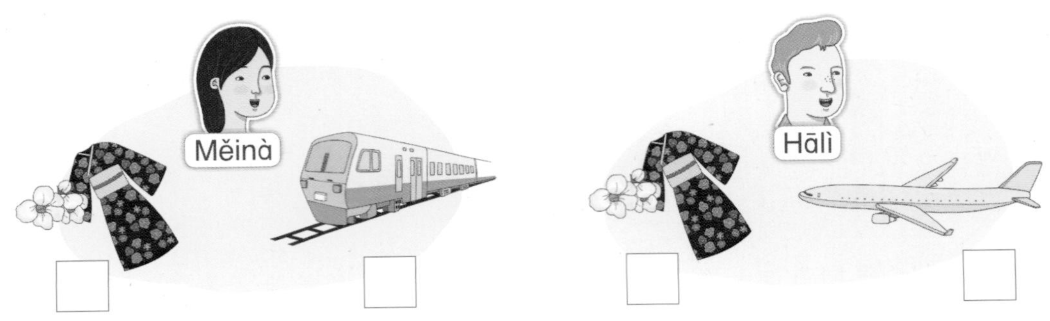

1 호응하는 동사의 짝을 보기에서 찾아 그림에 해당하는 병음과 함께 써 보세요.

보기 坐 zuò 骑 qí

出租车 火车 自行车 摩托车

zuò gōnggòngqìchē

2 그림을 보고 빈칸을 채우세요.

❶ A：你要 ☐☐☐？ 너 어디 갈 거야?

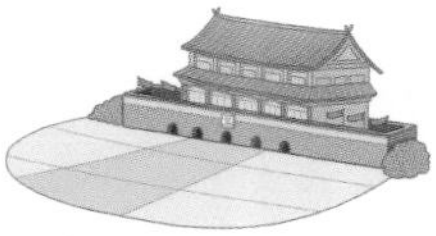

B：我要去北京。 베이징에 갈거야.

A：☐☐☐？ 어떻게 가는데?

B：坐火车去。 기차 타고 가.

❷ A：你要 ☐ 咖啡厅 ☐？ 너 커피숍에 갈 거니?

B：☐☐，我要去百货商店。 아니, 나 백화점에 갈거야.

A：买 ☐☐？ 뭐 사는데?

B：我要去百货商店买帽子。 백화점 가서 모자 살거야.

3 다음 문장을 부정문으로 고치고 우리말로 해석해 보세요.

❶ 我要去超市。 → ☐☐☐☐☐☐。

____

❷ 我要骑自行车去。 → ☐☐☐☐☐☐☐☐。

____

你爱看电影吗?

Nǐ ài kàn diànyǐng ma?

爱 ài 동 사랑하다, ~을(를) 즐겨하다, 곧 잘~하다

和 hé 접 개 ~와

非常 fēicháng 형 대단히, 굉장히

할리가 미나에게 영화를 즐겨보는지 묻는다.

你爱看电影吗？
Nǐ ài kàn diànyǐng ma?

我非常爱看电影。
Wǒ fēicháng ài kàn diànyǐng.

和谁一起看？
Hé shéi yìqǐ kàn?

常常和朋友一起看。
Chángcháng hé péngyou yìqǐ kàn.

할리 : 너 영화 즐겨 보니?

미나 : 나 영화 보는 거 굉장히 좋아해.

할리 : 누구랑 보는데?

미나 : 친구랑 자주 봐.

1 爱看电影 영화를 즐겨 봅니다
ài kàn diànyǐng

'爱'는 '사랑하다'라는 의미의 동사이지만 '喜欢'처럼 '爱'도 뒤에 동사를 수반해 조동사처럼 쓸 수 있습니다. 이때는 어떤 동작을 매우 좋아해서 '곧 잘 하다'를 뜻합니다.

我爱 Wǒ ài	吃比萨 chī bǐsà	。	나는 피자를 즐겨 먹습니다.
	看杂志 kàn zázhì		잡지를 즐겨 봅니다.
	听流行歌曲 tīng liúxíng gēqǔ		유행음악을 즐겨 듣습니다.

대화1

A : 你爱看杂志吗？ 잡지 즐겨 보나요?
Nǐ ài kàn zázhì ma?

B : 我不爱看杂志。 그다지 즐겨 보지 않습니다.
Wǒ bú ài kàn zázhì.

대화2

A : 你爱吃比萨吗？ 피자 즐겨 드세요?
Nǐ ài chī bǐsà ma?

B : 我非常爱吃。 매우 즐겨 먹습니다.
Wǒ fēicháng ài chī.

2 非常 굉장히
fēicháng

정도 부사로 8과에서 배운 '很'보다 정도가 강합니다.

非常 fēicháng	帅 shuài	굉장히 잘생겼다.
	漂亮 piàoliang	굉장히 예쁘다.
	高 gāo	굉장히 크다.
	胖 pàng	굉장히 뚱뚱하다.

단어

比萨 bǐsà 피자 　杂志 zázhì 잡지 　流行歌曲 liúxíng gēqǔ 유행가
胖 pàng 형 살찌다, 뚱뚱하다

和 ~와
hé

'和'는 접속사(连词:연사)로 쓰이기도 하며, 개사(介词 : 전치사)로 쓰이기도 합니다. 접속사로 쓰일 때는 주로 명사 사이에 와서 '~와'의 의미가 됩니다.

爸爸 bàba	和 hé	妈妈 māma	아빠와 엄마
我 wǒ		朋友 péngyou	나와 친구
草莓 cǎoméi		苹果 píngguǒ	딸기와 사과

대화

A : 你要什么？ 무엇을 드릴까요?
Nǐ yào shénme?

B : 我要一斤草莓和两斤苹果。 딸기 한 근 하고, 사과 두 근이요.
Wǒ yào yì jīn cǎoméi hé liǎng jīn píngguǒ.

和朋友一起 친구와 함께
hé péngyou yìqǐ

'和'가 개사로 쓰일 때는 보통 '一起'(~와 함께 ='一块儿'yíkuàir)와 같은 부사와 함께 쓰이는 경우가 많습니다.

和 hé	爸爸 bàba	一起 yìqǐ	爬山 páshān	아빠와 함께 등산을 합니다.
	老师 lǎoshī		吃饭 chī fàn	선생님과 함께 밥을 먹습니다.
	同学 tóngxué		学习 xuéxí	학우와 함께 공부합니다.
	男朋友 nánpéngyou		逛街 guàngjiē	남자친구와 함께 길거리 구경을 합니다.

대화

A : 你和谁一起去爬山？ 당신은 누구와 등산합니까?
Nǐ hé shéi yìqǐ qù páshān?

B : 我常常和爸爸一起去爬山。 저는 아빠와 자주 등산합니다.
Wǒ chángcháng hé bàba yìqǐ qù páshān.

단어

同学 tóngxué 학우

♠ 그림을 보고 상황에 맞게 중국어로 말해 보세요.  Track 84

A : 미나는 누구와 밥을 먹나요?
B : 미나는 할리와 밥을 먹어요.

A : 리카는 누구와 운동하나요?
B : 리카는 할리와 자주 운동해요.

A : 미나는 누구와 함께 중국어 공부를 하나요?
B : 미나는 학우와 함께 중국어 공부를 해요.

---

① A : 美娜和谁一起吃饭?
Měinà hé shéi yìqǐ chī fàn?
B : 美娜和哈利一起吃饭。
Měinà hé Hālì yìqǐ chī fàn.

② A : 梨花和谁一起做运动?
Líhuā hé shéi yìqǐ zuò yùndòng?
B : 梨花常常和哈利一起做运动。
Líhuā chángcháng hé Hālì yìqǐ zuò yùndòng.

③ A : 美娜和谁一起学汉语?
Měinà hé shéi yìqǐ xué Hànyǔ?
B : 美娜和同学一起学汉语。
Měinà hé tóngxué yìqǐ xué Hànyǔ.

♠ 그림을 보고 무엇을 즐겨 하는지 중국어로 말해 보세요. 

你爱 看小说 吗?

Nǐ ài kàn xiǎoshuō ma?

대화1

美娜：你爱看小说吗? 너 소설책 즐겨 보니?
Měinà：Nǐ ài kàn xiǎoshuō ma?

小龙：我非常爱看小说。 나 소설 굉장히 좋아해.
Xiǎo Lóng：Wǒ fēicháng ài kàn xiǎoshuō.

대화2

小龙：你爱听中国歌吗? 너 중국 노래 즐겨 듣니?
Xiǎo Lóng：Nǐ ài tīng Zhōngguógē ma?

美娜：不，我爱听英文歌。 아니, 난 팝송 즐겨 들어.
Měinà：Bù, wǒ ài tīng Yīngwéngē.

1 잘 듣고 알맞은 병음에 O 하세요.

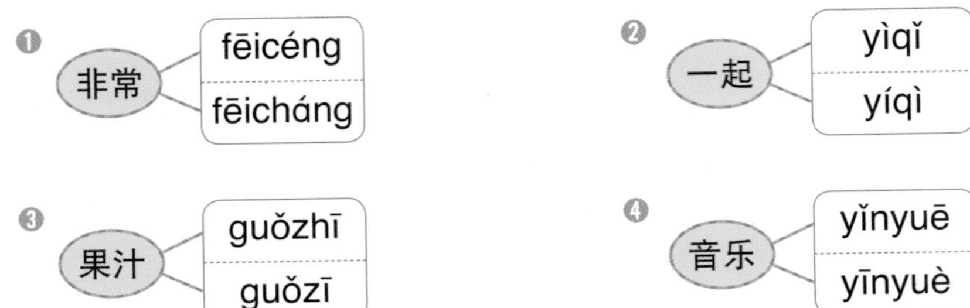

2 잘 듣고 맞는 것에 O 하세요.

3 잘 듣고 각자 좋아하는 것을 골라 선을 이으세요.

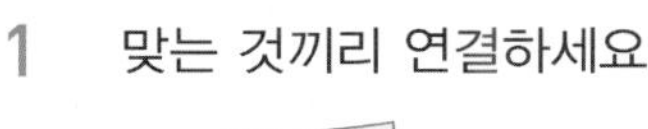

1 맞는 것끼리 연결하세요.

❶ 

• • 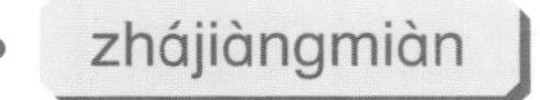

• • 

❷  • • Zhōngguógē • • 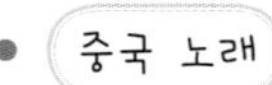

❸  • • zázhì • • 

❹ 

• • lǜchá • • 

2 다음 보기에서 단어를 찾아 빈칸을 채우세요.

보기 爱 非常 看 不 听

❶ A：你 ☐☐ 音乐吗? 음악 듣는 거 좋아해요?

B：我 ☐☐☐☐ 音乐。음악 굉장히 좋아해요.

❷ A：你 ☐☐ 小说吗? 소설 즐겨 보세요?

B：我 ☐☐☐ 小说，我爱 ☐ 杂志。소설 안 좋아해요, 잡지 보는 걸 좋아해요.

3 다음 제시된 단어를 사용하여 문장을 완성해 보세요.

❶ 和 一起 나는 친구와 영화 보러 갑니다. ____________________看电影。

❷ 非常 나는 영화 보는 걸 굉장히 좋아합니다. ____________________看电影。

❸ 爱 나는 피자를 매우 즐겨 먹습니다. ____________________比萨。

Track 87

华华和红红 화화와 홍홍

Huá hua hé Hóng hong

华华有两朵黄花，
红红有两朵红花。
华华要红花，
红红要黄花。
华华送给红红一朵黄花，
红红送给华华一朵红花。

Huáhua yǒu liǎng duǒ huáng huā,
Hónghong yǒu liǎng duǒ hóng huā.
Huáhua yào hóng huā,
Hónghong yào huáng huā.
Huáhua sòng gěi Hónghong yì duǒ huáng huā,
Hónghong sòng gěi Huáhua yì duǒ hóng huā.

화화는 노란 꽃이 두 송이 있고,
홍홍은 빨간 꽃이 두 송이 있네.
화화는 빨간 꽃이 갖고 싶고,
홍홍은 노란 꽃을 갖고 싶어.
화화가 홍홍에게 노란 꽃을 한 송이 주고,
홍홍이 화화에게 빨간 꽃을 한 송이 주었다네.

단어

朵 duǒ 양 송이
花 huā 꽃
送给 sònggěi 동 (~에게)주다, 선사하다

종합평가

▣ 다음 제시된 단어의 알맞은 발음을 고르세요. (10문항)

1 爸爸 ❶ pàpà ❷ bàba

2 同岁 ❶ tóngsuì ❷ dóngsuì

3 老师 ❶ lǎoshī ❷ lǎoshǔ

4 朋友 ❶ béngyóu ❷ péngyou

5 词典 ❶ cídiǎn ❷ zítiǎn

6 地铁 ❶ dīdiě ❷ dìtiě

7 韩国菜 ❶ Hānguócài ❷ Hánguócài

8 周末 ❶ zhōumò ❷ chōumòu

9 冬天 ❶ dōngtiān ❷ dòngtián

10 电影 ❶ diànyǒng ❷ diànyǐng

▣ 다음 제시된 발음을 간체자로 옮기세요 (10문항)

11 shàngbānzú □□□

12 xiànzài □□

13 shēngrì □□

14 xuéxiào □□

15 huáxuě □□

16 shàngwǎng □□

17 shuǐguǒ □□

18 xiàcì □□

19 guì □

20 piàoliang □□

▣ 다음 질문에 알맞은 대답을 고르세요 (5문항)

21 **你今年多大?**

❶ 我不大。 ❷ 63厘米(cm)。 ❸ 我们同岁。 ❹ 我28岁。

22 **你有中国朋友吗?**

❶ 我不有中国朋友。 ❷ 我没有中国朋友。 ❸ 我有孩子。 ❹ 我有手机。

23 **你在哪儿?**

❶ 我在学校。 ❷ 我去学校。 ❸ 我吃饭。 ❹ 我喝酒。

24 **你叫什么名字?**

❶ 谢谢! ❷ 我是韩国人。 ❸ 我叫冬冬。 ❹ 我不是上班族。

25 **天气怎么样?**

❶ 很好吃。 ❷ 非常喜欢。 ❸ 很热。 ❹ 常常去。

▣ 다음 중 해석이 올바른 것을 고르세요. (3문항)

26 ❶ 我们同岁。 우리는 직장동료입니다.

❷ 这不是我的。 이것은 내 것입니다.

❸ 韩国菜很好吃。 한국 음식은 좋습니다.

❹ 这是什么? 이것은 무엇입니까?

27 ❶ 我坐飞机去。 나는 비행기에 앉아 갑니다.

❷ 周末我想去爬山。 주말에 등산가고 싶어요.

❸ 百货商店在学校后面。 백화점은 학교 맞은편에 있습니다.

❹ 你是哪国人? 당신은 어떤 사람입니까?

28 ❶ 我喜欢滑雪。 나는 스키를 타고 싶습니다.

❷ 我要去中国。 나는 중국에 가는 것을 좋아합니다.

❸ 我想喝咖啡。 나는 커피를 마시고 싶습니다.

❹ 我常出差。 나는 자주 출근을 합니다.

▣ 다음 괄호 안에 들어갈 말을 고르세요. (4문항)

29 你喜(　)喜欢玩游戏?

❶ 和　❷ 没　❸ 不　❹ 吗

30 我(　)朋友(　)吃饭。

❶ 和 / 一起　❷ 要 / 常　❸ 好 / 一起　❹ 有 / 的

31 韩国菜很好吃，(　)有点儿辣。

❶ 不常　❷ 非常　❸ 不太　❹ 可是

32 我们(　)联系吧!

❶ 常　❷ 的　❸ 不　❹ 很

▣ 다음 중국어를 우리말로 옮기세요.(3문항)

33 给我两个。 ______________________

34 我非常爱吃辣的。 ______________________

35 我骑自行车去。 ______________________

▣ 다음 문장을 중국어로 옮기세요. (3문항)

36 오늘은 무슨 요일입니까? ______________________?

37 당신의 핸드폰 번호는 몇 번입니까? ______________________?

38 저는 일본 음식을 그다지 좋아하지 않습니다. ______________________。

▣ 다음 보기와 같이 배운 내용을 활용하여 자기소개를 해보세요.

보기

我叫金哈娜。今年23岁。
我是韩国学生。
我家有爸爸、妈妈、哥哥和妹妹。
我来中国学汉语。
我有两个中国朋友。
我非常喜欢学汉语。学汉语有点儿难，可是很有意思。

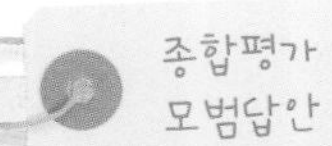

종합평가 모범답안

1 ② 2 ① 3 ① 4 ② 5 ①
6 ② 7 ② 8 ① 9 ① 10 ②
11 上班族 12 现在 13 生日 14 学校
15 滑雪 16 上网 17 水果 18 下次
19 贵 20 漂亮
21 ④ 22 ② 23 ① 24 ③ 25 ③
26 ④ 27 ② 28 ③
29 ③ 30 ① 31 ④ 32 ①
33 저에게 두 개 주세요.
34 저는 매운 것을 아주 잘 즐겨먹습니다.
35 저는 자전거를 타고 갑니다.
36 今天(是)星期几?
37 你的手机号(码)是多少?
38 我不太喜欢(吃)日本菜。

부록

정답

녹음 스크립트

색인

정답

1 你好! p.28~29

듣고 푸는 문제

1 ❶ u ❷ ai ❸ en ❹ ao

2 ❶ Nǐ hǎo ❷ Lǎoshī hǎo
❸ shénme ❹ míngzi

3 ❶ míngzi / Wǒ jiào ❷ Zàijiàn

보고 쓰는 문제

1 ❶ 你好！
❷ 你叫什么名字？
❸ 老师好！

2 叫

3 ❶ hǎo ❷ míngzi ❸ jiào
❹ lǎoshī ❺ shénme ❻ zàijiàn

2 你是哪国人? p.36~37

듣고 푸는 문제

1 ❶ O (nǎguórén) ❷ X (Zhōngguórén)
❸ X (xuésheng) ❹ O (Hánguórén)

2 ❶

❷

❸

❹

3 ❶ b ❷ b ❸ a ❹ a

보고 쓰는 문제

1 ❶ 哪国人
❷ 是，他是老师。

2
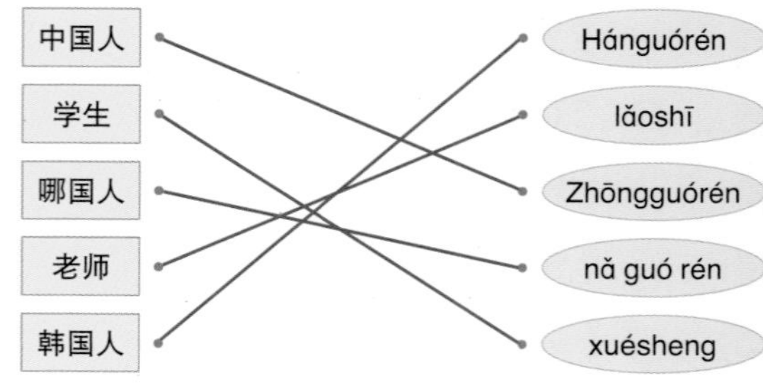

3 A: Nǐ shì shànbānzú ma?
B: Bú shì, wǒ shì xuésheng.

3 这是什么? p.44~45

듣고 푸는 문제

1 ❶ ná ❷ pó ❸ xí ❹ kè

2 ❶ b ❷ c

3 ❶ shénme ❷ Zhè, shū
❸ shéi de ❹ Zhè, lǎoshī de

보고 쓰는 문제

1 ❶ 我们的电脑。
❷ 她的钱包。
❸ 老师的帽子。
❹ 你的铅笔。

2 ❶ A: 谁, 手机
B: 妈妈
❷ A: 电视
B: 电脑

3 ❶ Zhè shì shénme?
❷ Zhè shì wǒ de qiānbǐ.
❸ Nà shì shéi de?
❹ Nà bú shì wǒ de.

4 你今年多大? p.52~53

듣고 푸는 문제

1 ❶ gěi ❷ kāi ❸ jìn ❹ hóng

2 ❶ b ❷ a ❸ b

3 참고답안

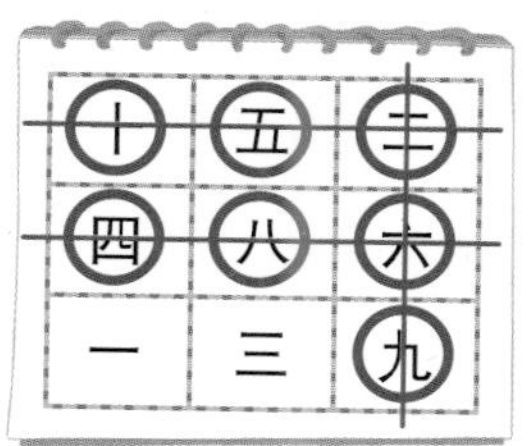

보고 쓰는 문제

1

8	八 bā	9	九 jiǔ	14	十四 shísì
21	二十一 èrshíyī	39	三十九 sānshíjiǔ	6	六 liù
35	三十五 sānshíwǔ	40	四十 sìshí	24	二十四 èrshísì

2 ❶ 多大了?
❷ 你呢?
❸ 也
❹ 同岁

3 ❶ 你今年多大了? — 今年二十六。
❷ 你几岁? — 九岁。
❸ 我今年二十三。 — 我们同岁。

5 你有中国朋友吗? p.62~63

듣고 푸는 문제

1 ❶ j z n ❷ h k l ❸ t b h ❹ ù iú ǐ

2 ❶ X, O, O
❷ X, O, O

3 ❶ b ❷ c ❸ b

보고 쓰는 문제

1 ❶ nánpéngyou
❷ diànzǐ cídiǎn
❸ shǒujī
❹ liǎng ge (péngyou)

2 ❶ 这不是手机。
❷ 我没有妹妹。
❸ 那不是我的。
❹ 他没有中国朋友。

3 ❶ 没有 ❷ 一个妹妹

6 你喝什么? p.70~71

듣고 푸는 문제

1 ❶ ai ❷ ei ❸ ian ❹ ing

2

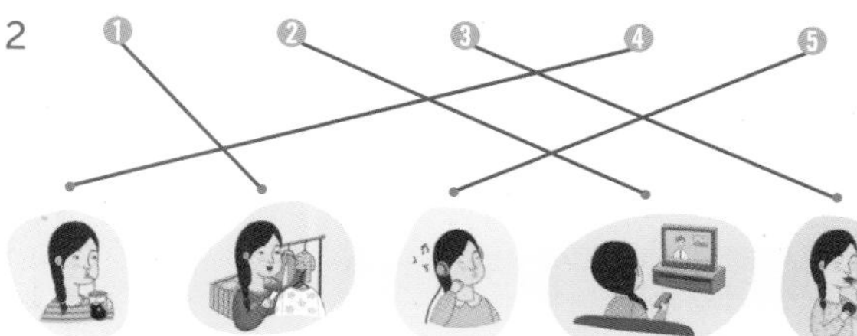

3 ❶ b
❷ a
❸ b
❹ b

보고 쓰는 문제

1 喝, 吃, 买, 看, 听

2

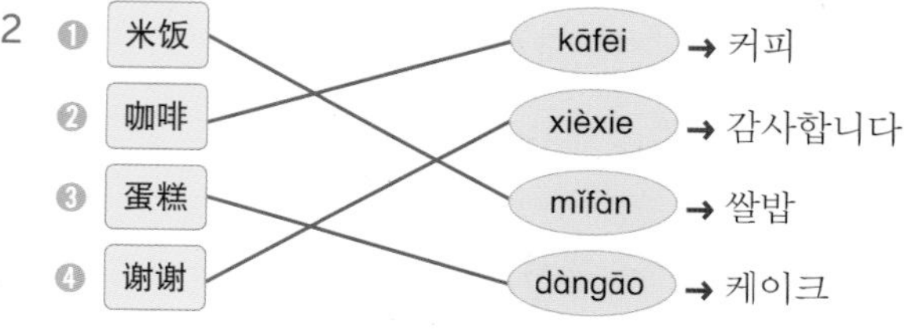

3 ❶ 吃不吃 ❷ 喝 / 喝

7 你喜欢什么季节? p.78~79

듣고 푸는 문제

1 ❶ xǔ ❷ zhèn ❸ yún ❹ nián

2 ❶ 喜欢 / 喜欢, 喜欢, 电影
❷ 不, 中国菜 / 中国菜

3 ❶ ✕
❷ ✕
❸ O

보고 쓰는 문제

1 春天, 夏天, 秋天, 冬天

2 ❶ 喜欢 ❷ 不喜欢

3
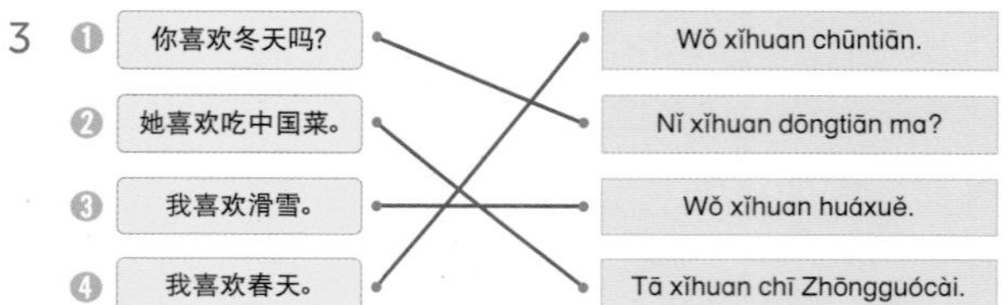

8 天气怎么样? p.86~87

듣고 푸는 문제

1 ❶ t, q ❷ n, h ❸ ōng, uán ❹ à, iǎo

2 O, ✕, ✕

3 ❶ 哪儿, 吧
❷ 怎么样, 暖和

보고 쓰는 문제

1 d ⋯▸ a ⋯▸ c ⋯▸ b ⋯▸ e

2 大 小 多 少 长 短 冷 热

3 ❶ 天气很好, 很暖和。
❷ 北京很大, 人很多。

9 今天星期几? p.96~97

듣고 푸는 문제

1 ❶ míngtiān ❷ xīngqī
❸ értóng ❹ shēngrì

2

3
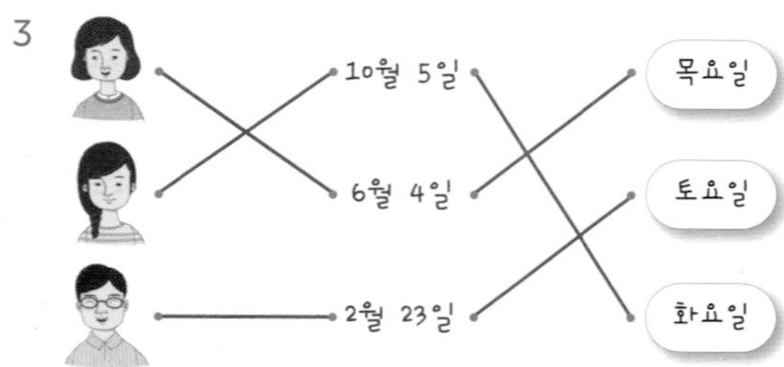

보고 쓰는 문제

1 ❶ jīntiān ❷ 明天 ❸ 일요일
❹ shēngrì ❺ 星期五

2 ❶ 今天二十六号。
❷ 今天星期五。
❸ 明天五月二十七号。
❹ 昨天星期四。
❺ 后天星期天。

3 ❶ 生日, 几, 几 / 生日
❷ 星期几/ 星期

10 你在哪儿? p.104~105

듣고 푸는 문제

1 ❶ ǎi, uò, āng, iàn
❷ ú, ū, uǎn, i
❸ x, x, h, m
❹ zh, z, p, b

2 ❶ 后面 ❷ 上面

3 ❶ X ❷ O ❸ O ❹ X

보고 쓰는 문제

1 ❶ yínháng 은행 ❷ túshūguǎn 도서관
❸ chāoshì 슈퍼마켓 ❹ xuéxiào 학교

2 ❶ 百货商店 ❷ 银行
❸ 书包里 ❹ 桌子下面

3 ❷ 哈利在超市前面，美娜在银行旁边。

11 你的手机号码是多少? p.112~113

듣고 푸는 문제

1 ❶ hàomǎ ❷ búcuò
❸ duōshao ❹ liánxì

2 ❶ 13975466955
❷ 13607166988
❸ 13964760013
❹ 13945383695

3 ❶ b ❷ a

보고 쓰는 문제

1 ❶ O ❷ X (zhēn)
❸ O ❹ X (liánxì)

2 ❶ 多少 ❷ 不错 ❸ 常 ❹ 漂亮

3 ❶ 010 9934 1234
❷ TM138776
❸ 02 332 8321

12 你要什么? p.120~121

듣고 푸는 문제

1

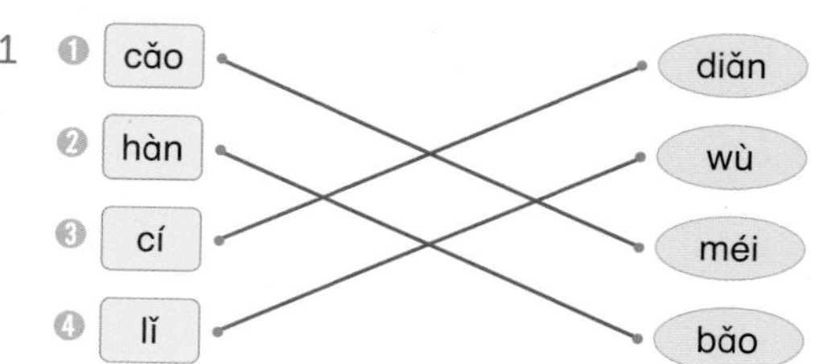

2 ❶ X ❷ O

3 ❶ ❷ ❸

보고 쓰는 문제

1 ❶ 斤 ❷ 个 ❸ 个 ❹ 斤

2 ❶ 你要什么？ — 我要草莓。
❷ 你要多少？ — 给我三斤。

3 ❶ 你要什么？
❷ 我要一个面包。
❸ 给你两个。

13 韩国菜好不好吃? p.130~131

듣고 푸는 문제

1 ❶ hǎochī ❷ yícì ❸ kāfēi ❹ cǎoméi

2

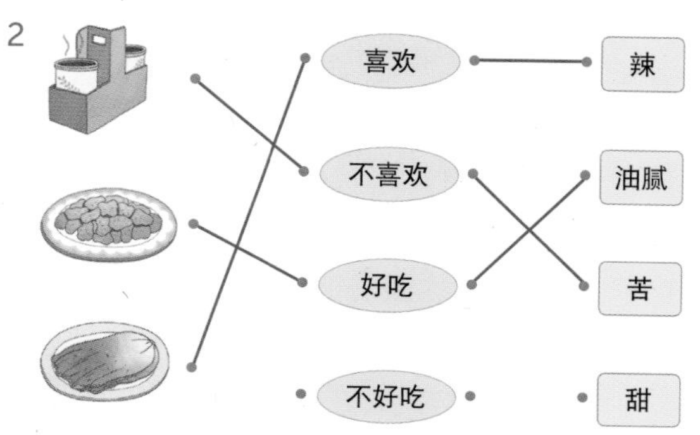

3 ❶ a

❷ c

보고 쓰는 문제

1 ❶ yóunì ❷ tián ❸ kǔ
❹ là ❺ xián ❻ dàn

2 ❶ 好不好喝？
❷ 好不好看？
❸ 好不好听？
❹ 好不好玩？

3 ❶ 有点儿
❷ 一起 / 吧
❸ 可是
❹ 好吃

14 周末你想做什么？

p.138~139

듣고 푸는 문제

1 ❶ shénme ❷ xiǎng
❸ xǐhuan ❹ bú tài

2

3 想 ：爬山，去公园
不想 ：看电影，去图书馆

보고 쓰는 문제

1 Zhōumò wǒ xiǎng kàn diànyǐng, nǐ ne?
주말에 난 영화보러 가고 싶은데, 너는?
Wǒ bú tài xǐhuan kàn diànyǐng.
나는 영화보는 거 별로 안 좋아해.

2 做 / 去 / 看

3 你呢？/ 不 / 那

15 你要去哪儿？

p.146~147

듣고 푸는 문제

1 ❶ ❷ ❸

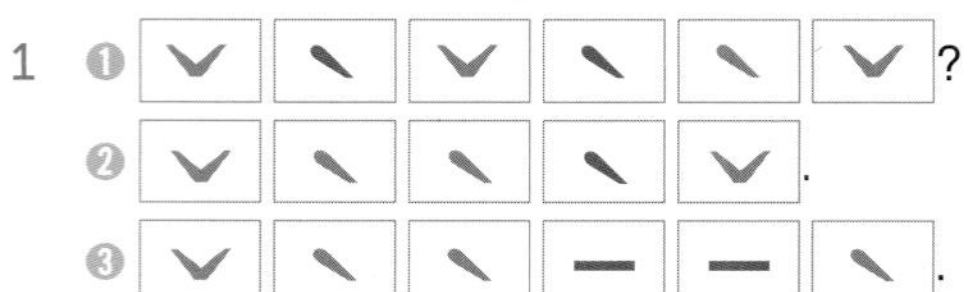

2

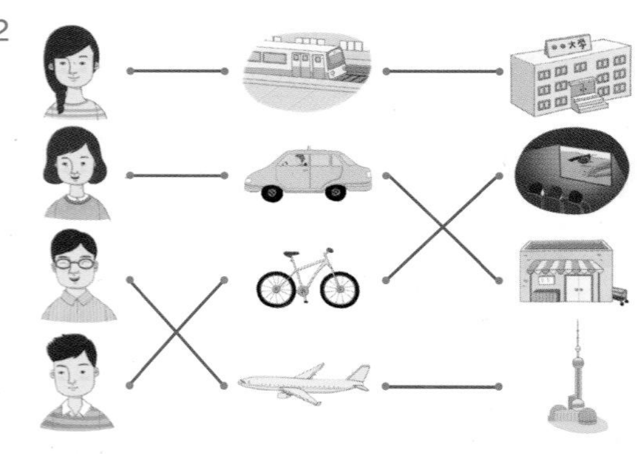

3

보고 쓰는 문제

1 zuò chūzūchē
qí zìxíngchē
zuò huǒchē
qí mótuōchē

2 ❶ 去哪儿 / 怎么去

❷ 去，吗 / 不是 / 什么

3 ❶ 我不想去超市。

나는 슈퍼마켓에 가고 싶지 않습니다.

❷ 我不想骑自行车去。

나는 자전거를 타고 가고 싶지 않습니다.

16 你爱看电影吗?

p.154~155

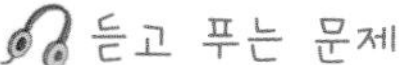

1 ❶ fēicháng ❷ yìqǐ

❸ guǒzhī ❹ yīnyuè

2

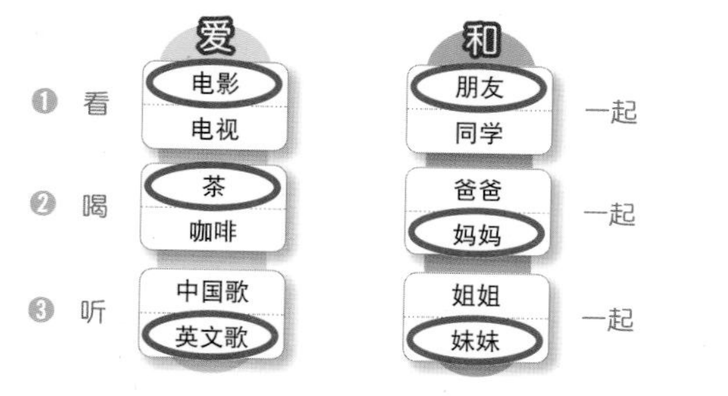

3

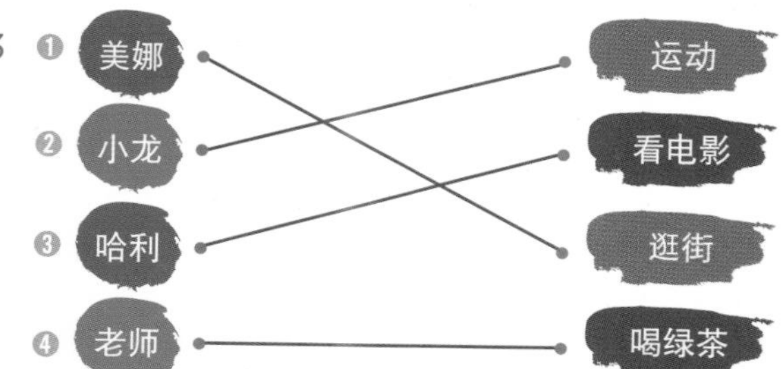

1

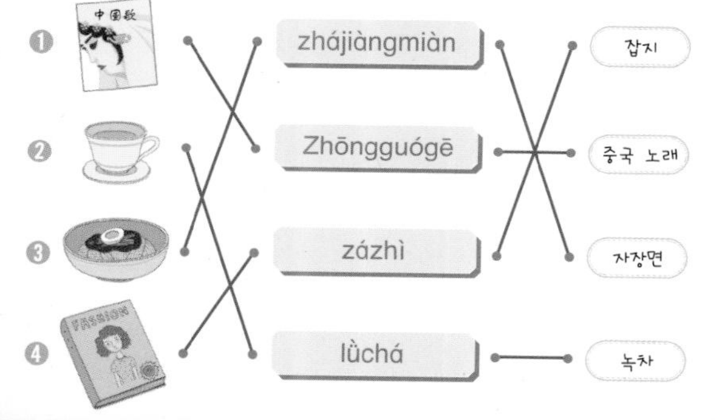

2 ❶ 爱听 / 非常爱听

❷ 爱看 / 不爱看，看

3 ❶ 我和朋友一起去看电影。

❷ 我非常爱看电影。

❸ 我非常爱吃比萨。

1 你好!

p.28

1 ❶ u ❷ ai ❸ en ❹ ao

2 ❶ 你好！
❷ 老师好！
❸ 什么
❹ 名字

3 ❶ A: 你叫什么名字？
B: 我叫金美娜。
❷ 再见！

2 你是哪国人?

p.36

1 ❶ nǎ guó rén ❷ Zhōngguórén
❸ xuésheng ❹ Hánguórén

2 ❶ A: 你是韩国人吗？
B: 不是，我是日本人。
❷ A: 他是法国人吗？
B: 不是，他是美国人。
❸ A: 你是哪国人？
B: 我是英国人。
❹ A: 你是中国人吗？
B: 是，我是中国人。

3 ❶ A: 你是老师吗？
B: 不是，我是学生。
问: "我"是老师吗？
❷ A: 你们老师是哪国人？
B: 我们老师是法国人。
问: "我们"老师是哪国人？
❸ A: 你是韩国人吗？
B: 不是，我是日本人。
问: "我"是日本人吗？
❹ A: 你妈妈是上班族吗？
B: 是，她是上班族。
问: 她妈妈是上班族吗？

3 这是什么?

p.44

1 ❶ ná ❷ pó ❸ xí ❹ kè

2 ❶ A: 这是什么？
B: 这是帽子。
❷ A: 那是铅笔吗？
B: 那不是铅笔，那是圆珠笔。

3 Zhè shì shénme?
Zhè shì shū.
Zhè shì shéi de?
Zhè shì lǎoshī de.

4 你今年多大?

p.52

1 ❶ gěi ❷ kāi ❸ jìn ❹ hóng

2 ❶ A: 你今年多大了？
B: 我二十三，你呢？
A: 我二十五。
问: 他们是同岁吗？
❷ A: 他今年多大年纪？
B: 他今年四十三了。
问: 他今年多大年纪了？
❸ A: 你几岁？
B: 我四岁。
问: "我"几岁？

3 十, 八, 六, 二, 五, 七, 九, 四, 三, 一

5 你有中国朋友吗? p.62

1 ❶ jī zì nǐ
❷ hǎo kào láo
❸ tài běi huí
❹ lǜ liú lǐ

2 ❶ 哈利有一个妹妹，哈利有爷爷，哈利有一个哥哥。
❷ 哈利没有奶奶，哈利没有姐姐，哈利没有弟弟。

3 ❶ A: 你有电子词典吗？
B: 我有电子词典。
❷ A: 你有没有中国朋友？
B: 没有，我有日本朋友。
❸ A: 你有没有男朋友？
B: 我有男朋友。

6 你喝什么? p.70

1 ❶ ai ❷ ei ❸ ian ❹ ing

2 ❶ 美娜买衣服。
❷ 美娜看电视。
❸ 美娜吃面包。
❹ 美娜喝可乐。
❺ 美娜听音乐。

3 ❶ A: 你喝不喝咖啡？
B: 我不喝，谢谢。
问: "我"喝咖啡了吗？
❷ A: 你吃蛋糕吗？
B: 我吃。
问: "我"吃什么？
❸ A: 你买什么？
B: 我买书。
问: "我"买什么？
❹ A: 你吃什么？
B: 我吃米饭。
问: "我"吃什么？

7 你喜欢什么季节? p.78

1 ❶ xǔ ❷ zhèn ❸ yún ❹ nián

2 ❶ A : 你喜欢看书吗？
B : 我不喜欢看书， 我喜欢看电影。
❷ A : 你喜不喜欢吃中国菜？
B : 我喜欢吃中国菜。

3 ❶ 美娜喜欢夏天, 因为她喜欢游泳。
❷ 美娜不喜欢看电视，美娜喜欢看电影。
❸ 小龙喜欢冬天，他喜欢滑雪。

8 天气怎么样? p.86

1 ❶ tiānqì ❷ nuǎnhuo
❸ gōngyuán ❹ dà xiǎo

2 北京天气很暖和,
我去公园,
看书。

3 ❶ A : 我们去哪儿？
B : 去公园吧。
❷ A:天气怎么样？
B:很暖和。

9 今天星期几? p.96

1 ❶ míngtiān ❷ xīngqī ❸ értóng ❹ shēngrì

2 xīngqī'èr xīngqīwǔ xīngqītiān

3 ❶ 妈妈的生日是六月四号，星期四。
❷ 美娜的生日是十月五号，星期二。
❸ 爸爸的生日是二月二十三号，星期六。

10 你在哪儿? p.104

1 ❶ bǎihuò shāngdiàn
❷ túshūguǎn li
❸ xuéxiào hòumian
❹ zhuōzi pángbiān

2 ❶ A: 学校在哪儿？
B: 学校在超市后面。
❷ A: 手机在哪儿？
B: 手机在桌子上面。

3 ❶ 学校在图书馆后面。
❷ 网吧在学校旁边。
❸ 超市在学校对面。
❹ 银行在超市前面。

11 你的手机号码是多少? p.112

1 ❶ hàomǎ ❷ búcuò
❸ duōshao ❹ liánxì

2 ❶ A: 小龙的手机号码是多少？
B: 小龙的手机号码是13975466955。
❷ A: 哈利的手机号码是多少？
B: 哈利的手机号码是13607166988。
❸ A: 美娜的手机号码是多少？
B: 美娜的手机号码是13964760013。
❹ A: 梨花的手机号码是多少？
B: 梨花的手机号码是13945383695。

3 ❶ A: 你的护照号码是多少？
B: 我的护照号码是 TM2308456。
❷ A: 你的传真号码是多少？
B: 我的传真号码是031-8729-1249.

12 你要什么? p.120

1 ❶ cǎoméi ❷ hànbǎo
❸ cídiǎn ❹ lǐwù

2 ❶ A: 你要咖啡吗？
B: 我要一杯咖啡。
❷ A: 你要几个汉堡？
B: 我要两个汉堡。

3 ❶ A: 你要什么？
B: 我要三斤苹果。
❷ A: 你要几瓶可乐？
B: 我要一瓶。
❸ A: 你要面包吗？
B: 我要三个面包。

13 韩国菜好不好吃? p.130

1 ❶ hǎochī ❷ yícì ❸ kāfēi ❹ cǎoméi

2 ❶ 咖啡我不喜欢，咖啡很苦。
❷ 中国菜好吃，可是有点儿油腻。
❸ 韩国菜我喜欢，我喜欢吃辣的。

3 ❶ A: 你喜欢吃日本菜吗？
B: 日本菜有点儿淡，我不喜欢，我喜欢吃中国菜。

❷ A: 你喜欢吃辣的吗？
B: 不喜欢，我喜欢吃甜的。

14 周末你想做什么? p.138

1 ❶ Nǐ xiǎng zuò shénme?
❷ Wǒ xiǎng qù páshān.
❸ Nǐ xǐhuan kàn diànyǐng ma?
❹ Wǒ bú tài xǐhuan kàn diànyǐng.

2 ❶ 下午美娜不想逛街，美娜想去咖啡厅。
❷ 明天哥哥不想去咖啡厅，哥哥想踢足球。
❸ 星期六爸爸想去爬山，爸爸不想踢足球。
❹ 周末妈妈想逛街，妈妈不想去爬山。

3 ❶ A: 周末你想去看电影吗？
B: 我不太想看电影，我想去爬山。
❷ A: 星期六我想去图书馆，我们一起去，好不好？
B: 我不想去图书馆，我们去公园吧。
A: 好吧！

15 你要去哪儿? p.146

1 ❶ Shǔjià nǐ yào qù nǎr?
❷ Wǒ yào qù Shànghǎi.
❸ Wǒ yào zuò fēijī qù.

2 ❶ 美娜坐地铁去学校。
❷ 妈妈坐出租车去超市。
❸ 爸爸坐飞机去上海。
❹ 哥哥骑自行车去电影院。

3 我是金美娜，暑假我要去上海，我要坐火车去。哈利也要去上海，可是他要坐飞机去。

16 你爱看电影吗? p.154

1 ❶ fēicháng ❷ yìqǐ
❸ guǒzhī ❹ yīnyuè

2 ❶ A: 你爱看电影吗？
B: 我非常爱看电影。
A: 和谁一起看？
B: 常常和朋友一起看。
❷ A: 你爱喝咖啡吗？
B: 不，我爱喝茶。
A: 和谁一起喝？
B: 我常常和妈妈一起喝。
❸ A: 你爱听中国歌吗？
B: 不，我爱听英文歌。
A: 和谁一起听？
B: 我常常和妹妹一起听。

3 ❶ 美娜不爱做运动，美娜爱逛街。
❷ 小龙爱做运动，他常常和哥哥一起做运动。
❸ 哈利不爱逛街，他爱看电影。
❹ 老师非常爱喝茶，她常常喝绿茶。

색인

〈찌아요〉의 본문, 막힘없이 문법공부, 보면서 말하면서에 나온 총 296개의 단어를 담았습니다. 복습 시에 활용하면서 얼마나 알고 있는지 확인해 보세요.

妹妹 mèimei 여동생 ······ p.58(5과)
面包 miànbāo 빵 ······ p.69(6과)
米饭 mǐfàn 밥 ······ p.66(6과)
猕猴桃 míhóutáo 키위 ······ p.119(12과)
明年 míngnián 내년 ······ p.92(9과)
明天 míngtiān 내일 ······ p.92(9과)
名字 míngzi 이름 ······ p.22(1과)
摩托车 mótuōchē 오토바이 ······ p.143(15과)

N

哪国人 nǎ guó rén 어느 나라 사람 ······ p.30(2과)
那(么) nà(me) 그럼, 그렇다면 ······ p.132(14과)
奶奶 nǎinai 할머니 ······ p.61(5과)
男朋友 nánpéngyou 남자친구 ······ p.58(5과)
哪儿 nǎr 어디 ······ p.80(8과)
呢 ne ~은요? ······ p.46(4과)
你 nǐ 너, 당신 ······ p.22(1과)
年纪 niánjì 나이, 연세 ······ p.48(4과)
你们 nǐmen 너희들 ······ p.24(1과)
您 nín 당신 (你의 경칭) ······ p.25(1과)
暖和 nuǎnhuo 따뜻하다 ······ p.80(8과)
女朋友 nǚpéngyou 여자친구 ······ p.58(5과)

P

爬山 páshān 등산하다 ······ p.132(14과)
胖 pàng 살찌다, 뚱뚱하다 ······ p.150(16과)
旁边 pángbiān 옆쪽 ······ p.101(10과)
朋友 péngyou 친구 ······ p.56(5과)
漂亮 piàoliang 예쁘다, 곱다 ······ p.82(8과)
啤酒 píjiǔ 맥주 ······ p.116(12과)
瓶 píng 병 ······ p.117(12과)
草莓 píngguǒ 사과 ······ p.119(12과)
皮儿 pír 껍질 ······ p.123
葡萄 pútáo 포도 ······ p.119(12과)

Q

骑 qí 타다 ······ p.143(15과)
前 qián 앞 ······ p.101(10과)
钱包 qiánbāo 지갑 ······ p.40(3과)
铅笔 qiānbǐ 연필 ······ p.40(3과)
前年 qiánián 재작년 ······ p.92(9과)
前天 qiántiān 그제 ······ p.92(9과)
巧克力 qiǎokèlì 초코렛 ······ p.116(12과)
情人节 Qíngrénjié 발렌타인데이 ······ p.93(9과)
秋天 qiūtiān 가을 ······ p.74(7과)
去 qù 가다 ······ p.80(8과)
去年 qùnián 작년 ······ p.92(9과)

R

热 rè 덥다 ······ p.82(8과)
日本菜 Rìběncài 일본 음식 ······ p.110(11과)
日本人 Rìběnrén 일본인 ······ p.32(2과)

S

上 shàng 위 ······ p.101(10과)
上班族 shàngbānzú 직장인, 샐러리맨 ······ p.32(2과)
上海 Shànghǎi 상하이 ······ p.140(15과)
上网 shàngwǎng 인터넷을 하다 ······ p.135(14과)

T

W

X

저자소개

배경진
현) 롯데, SK 등 기업체 강의
전) 차이나로 중국어학원 강사

찐런슈(金仁淑)
전) 차이나로 중국어학원 강사
전) 프로차이나 중국어학원 강사

개정판 2021년 11월 5일

저자 배경진 찐런슈
발행인 이기선
발행처 제이플러스
주소 서울시 마포구 월드컵로 31길 62
전화 02-332-8320
등록번호 제10-1680호
등록일자 1998년 12월 9일
홈페이지 www.jplus114.com

ISBN 979-11-5601-180-4

값 15,000원